华东交通大学教材（专著）出版基金资助项目

E-commerce
Livestreaming
Modes

电商直播模式
企业绩效影响与策略

朱王海◎著

Corporate
Performance
Impact
and
Strategy

企业管理出版社
ENTERPRISE MANAGEMENT PUBLISHING HOUSE

图书在版编目（CIP）数据

电商直播模式：企业绩效影响与策略 / 朱王海著 . — 北京：企业管理出版社，2021.6
ISBN 978-7-5164-2368-4

Ⅰ.①电… Ⅱ.①朱… Ⅲ.①网络营销 Ⅳ.① F713.365.2

中国版本图书馆 CIP 数据核字（2021）第 069652 号

书　　名：	电商直播模式：企业绩效影响与策略
作　　者：	朱王海
责任编辑：	郑　亮　宋可力
书　　号：	ISBN 978-7-5164-2368-4
出版发行：	企业管理出版社
地　　址：	北京市海淀区紫竹院南路 17 号　　邮编：100048
网　　址：	http://www.emph.cn
电　　话：	编辑部（010）68701638　发行部（010）68701816
电子信箱：	emph001@163.com
印　　刷：	北京虎彩文化传播有限公司
经　　销：	新华书店
规　　格：	170 毫米 × 240 毫米　　16 开本　16.25 印张　200 千字
版　　次：	2021 年 6 月第 1 版　　2021 年 6 月第 1 次印刷
定　　价：	58.00 元

版权所有　翻印必究　·　印装有误　负责调换

前言
PREFACE

数字技术的发展日新月异,并向生产、生活和公共治理等领域广泛渗透,我国数字经济逐渐蓬勃发展起来。据中国信息通信研究院发布的《中国数字经济发展白皮书》显示,2019年,我国数字经济增加值规模已大幅提升到了35.8万亿元,占GDP比重超过1/3,在我国国民经济中的重要地位进一步凸显。数字经济正重构新的产业生态,形成更强大的创新活力,为企业进行直播创造了便利的条件。2016年是我国业界公认的"中国网络直播元年",中国互联网络信息中心(CNNIC)发布的第38次《中国互联网络发展状况统计报告》显示,截至2016年6月,我国网络直播用户规模达到3.25亿,占网民总体的45.8%。网络直播的爆发式增长及其"直播+"模式迅速普及,为电商直播进一步发展奠定了坚实的基础。

本书主要研究电商直播模式对企业绩效的影响,即研究网红带货与平台直播两种主要电商直播模式在质量文化的调节作用下,如何通过中介变量(用户体验)对企业绩效产生影响,以及控制变量(平台技术)对企业绩效的控制作用,主要研究问题包括:一是电商直播模式对企业绩效的直接影响和间接影响；二是用户体验的中介作用；三是调节变量（企业质量文化）的调节作用；四是控制变量（平台技术）对企业绩效的控制作用。主要研究内容是诠释电商直播模式对企业绩效的意义及作用机制（包括用户体验的中介作用），揭示质量文化在电商直播模式和用户体验之间的调节作用，阐述电商直播发展的新规律、新机制、新业态、新模式等对企业绩效产生的影响，提出升级用户体验、降低企业的网络营销成本、创新平台机制等提高市场绩效和财务绩效的策略与建议。

本书的研究方法主要包括文献研究法、问卷调查法、统计分析法、结构方程分析法、Process 模型分析法等定性与定量分析方法。文献研究法主要用于梳理现有理论和相关文献；问卷调查法主要用于收集所需要的数据，为实证分析提供数据来源；统计分析法主要用于检验研究假设；结构方程分析法主要用于验证研究模型的结构关系；Process 模型分析法主要用于对有调节变量的中介模型进行检验。研究过程主要包括：一是对电商直播模式、用户体验、质量文化、平台技术、企业绩效等变量的相关文献进行整理，归纳总结各变量的测度划分及变量关系等前期研究成果；二是通过界定各变量及其维度划分，将变量目标逐层分解为若干的层次，提出相关假设，应用 S-O-R 理论设计研究模型；三是利用预调查修正问卷，再利用修正问卷进行正式调查，获取分析数据，对正式调查的有效数据进行信度、效度检验、描述性统计分析、结构方程模型分析，并利用 Process 模型分析法进行 Boostrap 检验；四是在实证结果基础上，提出企业进行电商直播模式创新应用的相关策略与建议。

实证结果表明，电商直播模式、用户体验、质量文化、平台技术、企业绩效等变量间存在正（负）相关关系。主要实证结果包括以下几点：一是电商直播模式对企业绩效产生正向影响，即网红带货、平台直播对企业绩效呈正向影响；二是网红带货和平台直播对用户体验产生正向影响；三是用户体验对企业绩效产生正向影响；四是企业的质量文化在网红带货对用户体验的影响过程中起正向调节作用；五是企业的质量文化在平台直播对用户体验的影响过程中起负向调节作用；六是企业的质量文化在用户体验对企业绩效的影响过程中无显著调节作用；七是平台技术会对企业的绩效产生正向影响。

在实证结果基础上，本书相应提出四个创新策略、三条实施路径、四个层面政策建议：一是提出了升级直播服务、升级用户体验、升级质量文化、升级数字技术四个创新策略；二是提出了重塑电商直播的商业生态、网络口碑营销、数字数据技术升级三条实施路径；三是从政府、行业、企业与技术四个层面提出政策建议。

本书的创新点包括以下几点：以用户体验为中介变量分析电商直播对企业绩效的影响；提出在数字经济背景下网络

营销的三维逻辑等式，即私域流量＋口碑营销＋质量文化＝网络体验式营销；通过应用 S-O-R 理论建立相应的理论模型，考察了电商直播平台对企业绩效的直接和间接效应、用户体验和企业的质量文化在其中的作用，提出了数据创新应用（标准化→资产化→市场化）激发数据形成数据链，引领供应链、价值链等进行一系列价值创造活动，提升用户体验。

本书的理论意义主要体现在以下几个方面：一是揭示电商直播模式对企业绩效的直接与间接影响及其作用机制，丰富了人们对电商直播效用及其作用机制的认知；二是阐明企业的质量文化在电商直播模式和用户体验之间的作用，深化电商直播效用的理论边界认知；三是在电商直播情境中检验 S-O-R 理论的有效性，丰富了 S-O-R 理论的应用场景。

本书的应用价值主要体现在以下几个方面：一是提出升级用户体验的策略，为企业获取用户提供新思路；二是提出优化营销成本、提升私域流量等策略，为传统企业的营销方式向电商直播模式转型提供思路；三是提出直播平台管理创新策略，为直播平台管控私域流量、产品（或服务）质量、用户（粉丝）数量等的创新提供新方法。

目录
CONTENTS

第 1 章　绪论 / 001

1.1　研究背景 / 003
1.1.1　数字经济的崛起 / 003
1.1.2　电商直播市场的发展现况 / 009

1.2　研究问题 / 014

1.3　研究意义 / 015
1.3.1　理论意义 / 015
1.3.2　应用价值 / 016

1.4　研究目标、方法及框架 / 017
1.4.1　研究目标 / 018
1.4.2　研究方法 / 020
1.4.3　研究框架 / 022

1.5　研究创新 / 023

1.6　本章小结 / 026

第 2 章　理论基础与文献综述 / 029

2.1　相关理论基础 / 031

2.1.1　数字经济的相关理论　/ 031
　　2.1.2　产业生态系统理论　/ 034
　　2.1.3　交易成本理论　/ 038
　　2.1.4　网络营销理论　/ 041

2.2　电商直播的相关研究　/ 044

　　2.2.1　电商直播的概念　/ 044
　　2.2.2　电商直播的维度测量　/ 047
　　2.2.3　电商直播的兴起对企业的作用　/ 048

2.3　用户体验的相关研究　/ 049

　　2.3.1　用户体验的概念　/ 050
　　2.3.2　用户体验的测度　/ 051
　　2.3.3　用户体验在销售中的应用研究　/ 053
　　2.3.4　供应链对用户体验的作用　/ 055
　　2.3.5　改善用户体验对企业的作用　/ 058

2.4　质量文化的相关研究　/ 060

　　2.4.1　质量文化的概念　/ 060
　　2.4.2　产品质量对企业的作用　/ 062
　　2.4.3　质量文化在供应链管理中的作用　/ 065

2.5　企业绩效的相关研究　/ 066

　　2.5.1　企业绩效的概念　/ 067
　　2.5.2　企业绩效的测度　/ 068
　　2.5.3　企业绩效管理对企业的作用　/ 069
　　2.5.4　企业绩效管理在销售中的应用研究　/ 071
　　2.5.5　价值链对企业绩效的作用　/ 074

2.6 变量的作用机理 / 076

    2.6.1 电商直播对用户体验的作用 / 076

    2.6.2 电商直播对企业绩效的作用 / 080

    2.6.3 用户体验与企业绩效的关系 / 082

    2.6.4 质量文化对电商直播、用户体验的作用 / 083

    2.6.5 平台技术与企业绩效的关系 / 087

2.7 综合评述 / 089

2.8 本章小结 / 092

第 3 章 研究假设与研究设计 / 093

3.1 变量界定与维度划分 / 095

    3.1.1 电商直播模式界定与维度划分 / 095

    3.1.2 用户体验界定与维度的划分 / 097

    3.1.3 质量文化界定与维度的划分 / 098

    3.1.4 企业绩效界定与维度的划分 / 100

    3.1.5 变量界定与维度划分总结 / 101

3.2 理论分析与研究假设 / 102

    3.2.1 S-O-R 理论 / 103

    3.2.2 电商直播模式对企业绩效的影响分析 / 104

    3.2.3 电商直播模式对用户体验的影响分析 / 105

    3.2.4 用户体验对企业绩效的影响分析 / 106

    3.2.5 质量文化的调节作用分析 / 107

    3.2.6 平台技术对企业绩效的影响分析 / 109

3.2.7 研究假设 / 110

3.3 研究模型设计 / 111

3.4 本章小结 / 112

第4章 电商直播模式对企业绩效影响的实证分析 / 113

4.1 调查方案设计 / 115

 4.1.1 调查对象及目的 / 115

 4.1.2 抽样方法及样本容量的确定 / 116

 4.1.3 问卷设计 / 116

 4.1.4 问卷的发放和回收 / 123

4.2 预调查 / 123

 4.2.1 效度检验 / 123

 4.2.2 信度检验 / 134

4.3 正式调查 / 137

 4.3.1 描述性统计分析 / 137

 4.3.2 信度检验 / 141

 4.3.3 效度检验 / 144

4.4 结构方程模型分析 / 147

 4.4.1 结构方程模型的建立 / 147

 4.4.2 结构方程模型的参数估计 / 151

 4.4.3 结构方程模型的评价 / 160

4.4.4　实证结果　/ 162

4.5　基于 Process 的模型验证　/ 171

4.6　本章小结　/ 177

第 5 章　创新策略与对策建议　/ 179

5.1　创新策略　/ 181

5.1.1　升级服务直播：优化网红带货的内容与平台创新机制　/ 182

5.1.2　提升用户体验：增强用户的互动与享乐体验　/ 184

5.1.3　提升质量文化：加强质量文化建设，提升品牌价值　/ 187

5.1.4　提升数字技术水平：数据要素赋能精准营销　/ 188

5.2　实施路径　/ 189

5.2.1　重塑电商直播的商业生态：筑造企业绩效新高度　/ 190

5.2.2　网络口碑营销：实现网红带货与平台直播的复合变现　/ 194

5.2.3　数字技术的创新应用推动数据的价值创造，引领用户体验升级　/ 197

5.3　政策建议　/ 200

5.3.1　政府层面　/ 201

5.3.2 行业层面 / 201

5.3.3 企业层面 / 202

5.3.4 技术层面 / 203

5.4 本章小结 / 205

第6章 结论与展望 / 207

6.1 研究结论 / 209

6.2 研究的不足 / 212

6.3 研究展望 / 214

参考文献 / 219

附录 / 239

第1章

绪　论

在数字经济的驱动下,数据化、精细化、生态化和全球化已成为数字化商业模式变革的趋势。电商直播模式作为新兴的网络营销模式,是供应链及价值链融合与重构的重要环节。电商直播模式无疑为传统企业营销模式的转型升级提供了新思路,也成为传统企业绩效实现量与质的新突破的有效路径。

1.1 研究背景

数字经济是近年来我国要素市场中最活跃、发展最为迅速的经济形态。对企业而言，数字经济不仅为企业进行电商直播创造了便利的条件，也让电商直播迅速成为一种重要的网络营销模式。电商直播已成为企业提高流量（市场占有率）、产品（或服务）的销售收入和净利润的重要抓手。对用户而言，电商直播作为一种崭新的信息传播载体，不仅满足了用户方便、快捷、物美价廉等购物需求，也让用户在网络购物的过程中满足了人际交往、愉悦的购物体验等高层次的心理需求。

1.1.1 数字经济的崛起

如今，数字经济已成为经济活动和社会生活中的热词。以互联网、物联网、大数据、人工智能等新兴数字技术为代表的数字化生产力，不断改善社会的经济基础（生产关系），并进一步增强了数字化、标准化、网络化和智能化的水平，加速重构我国的国民经济与政府治理（上层建筑）之间的新型经济生态体系，在发展中不断地迸发出引领时代的巨大正能量。

（1）什么是数字经济。

数字经济这一概念由经济合作与发展组织（OECD）于20世纪90年代首次提出。在杭州G20峰会时，数字经济被定义为以数字化信息为关键资源，以信息网络为依托，通过信息通信技术与其他领域紧密融合的一系列经济活动。同时，数字经济也被认为是农业经济、工业经济之后，一种以比特思考为基础的新的经济社会发展形态，即有别于互联网时代将比特和原子割裂的状态，而是将比特和原子视为一个协同体系来思考它们之间的相互关系。另外，数字经济也被称为智能经济，具有工业4.0或后工业经济的本质特征，是"信息经济到知识经济再到智慧经济"进化的核心要素。数字经济的蓬勃发展必定会对传统企业及互联网企业带来深刻的影响，成为促进我国创新增长的主要抓手[1]。

正因为得益于数字经济提供的历史机遇，我国在生产、流通、消费等领域不断突破创新，实现跨越式发展。中国信息通信研究院发布的《中国数字经济发展白皮书（2020年）》

---

[1] 马化腾. 数字经济：中国创新增长新动能[M]. 北京：中信出版社，2017.

指出,从生产力和生产关系的角度,提出了数字经济数字产业化、产业数字化、数字化治理、数据价值化"四化"框架,如图 1-1 所示。

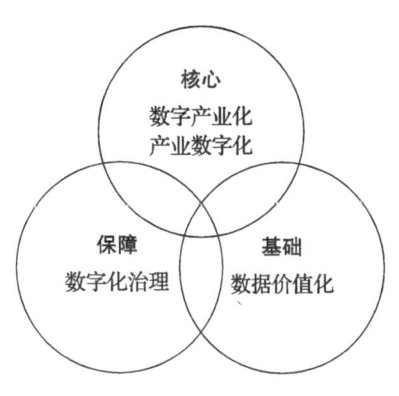

图 1-1 数字经济"四化"框架

在数字产业化方面,2019 年,我国数字产业化增加值已达 7.1 万亿元,同比增长 11.1%,我国数字产业化稳步发展,基础进一步夯实,数字产业结构"软化"成为趋势,互联网行业及软件产业所占比例不断提高。在产业数字化方面,我国 2019 年的产业数字化增加值规模达到 28.8 万亿元,所占 GDP 比重为 29.0%,农业、工业、服务业数字经济渗透率分别为 8.2%、19.5% 和 37.8%。我国已经逐渐形成了较完整的数据供应链体系,在数据的收集、标注、存储、安全、交换等环节,以及时序数据库的管理、商业智能处理、数据的挖掘分析等相关关键领域形成了较好的数据产业体系。数据创新应用能力和数据规范化管理能力不断提高。在数字化治理方面，政府的数字化建设推动着政府治理能力从粗放到精细、由低效率到高效率、从呆板的程序化反应到灵活快速反应的转变，新型智慧城市建设进一步推动了政府数字化治理能力的显著提升，加速助力我国政府治理进入成效导向、以人为本、协同创新、统筹集约的高质量发展新阶段。在数据价值化方面，商务与政务数据资产化进一步推进数据成为我国国民经济发展的新生产要素。

（2）数字经济发展现状。

蓬勃发展的数字经济已经成为推动我国国民经济持续增长的重要动能。我国数字经济增加值规模呈现高速增长趋势，从2015—2019年，在短短的五年时间内，我国数字经济增加值规模从18.63万亿元增至35.8万亿元，如图1-2所示，增速和体量位居世界前列。占国内生产总值（GDP）的比重也逐步上升，2019年已经达到36.2%以上。

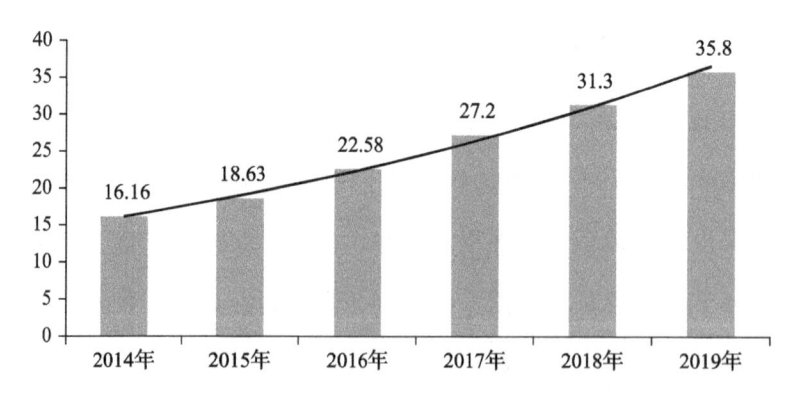

图1-2　2014—2019年中国数字经济增加值规模（万亿元）

数字经济在不断释放巨大潜力和强大动能的同时，也驱动着各行各业不断涌现出新生态、新业态和新模式。从 2015 年最早提出"国家大数据战略"以来，在推进数字经济发展和数字化转型方面的政策不断深化与落地，从中央到地方的政策部署都为数字经济发展创造了良好的环境，如表 1-1 所示。

表 1-1 数字经济政策内容

年份	政策内容
2015	《中华人民共和国国民经济和社会发展第十三个五年规划》提出"实施国家大数据战略，推进数据资源开放共享"
2016	习近平总书记在主持中共中央政治局第三十六次集体学习时强调指出，"做大做强数字经济，拓展经济发展新空间"
2017	《政府工作报告》提出要推动"互联网+"深入发展
	党的十九大报告提出建设数字中国，习近平总书记强调，"加快建设数字中国""构建以数据为关键要素的数字经济"[①]
2019	《政府工作报告》提出"智能+"概念，进一步推动数字经济发展。从互联网到"互联网+"，再到数字经济，其发展一脉相承
2020	《政府工作报告》提出要继续出台支持政策，全面推进"互联网+"，打造数字经济新优势
	《关于支持新业态新模式健康发展 激活消费市场带动扩大就业的意见》提出支持新业态新模式健康发展，激活消费市场带动扩大就业，打造数字经济新优势

（3）数字经济的发展趋势。

随着我国数字经济规模不断扩大，以电子商务为重要代

---

① 吴汉东. 为数字中国建设提供法律保障[N]. 人民日报，2018-8-19（5）.

表的新型商业模式所体现的新经济业态充分彰显了我国数字经济发展的最新成果，也显示了我国经济发展的巨大潜力与动力。未来，数字经济在我国高速与高质量发展的同时，一定会呈现出新的发展趋势，主要包括以下的"四化"。

一是数据化。我国数字经济已进入 2.0 时代，数据、信息等资源的应用，已经完全打破了先前工业时代传统应用的局限性，特别是大数据、5G 通信、人工智能、云计算等新一代数字技术的迅速普及，使数据、信息等资源实现了高速的流动及共享。

二是精细化。随着数字经济的快速发展，生产、流通、消费各领域更加注重提供定制化与柔性化的生产和服务，以此展现出"用户至上"的理念。通过大数据对用户的实际需求展开全面、精准的捕捉和定位，抓住了用户的潜在需求，使服务更加精准，从而不断提升服务质量。

三是生态化。企业凭借数字化平台的创新运用，实现在不同领域的高质量跨界整合，同时在数字化技术的推动下，促进平台经济、共享经济等新业态的发展，打造属于企业自身的特色私域生态圈，以便能够为企业注入强大的创新力。

四是全球化。越来越多的国家开始重视数字化转型升级，把大力发展数字经济摆在本国经济与社会发展的优先地位，纷纷制订了鼓励、促进数字经济发展的战略规划及实施方案，目的就是希望加快本国各行各业向数字化转型升级的速度。

另外，具有一定规模实力并率先实现数字化转型升级的企业开始不断扩大海外市场，通过海外并购、供应链整合等手段逐步实现企业的国际化、全球化的发展战略。

（4）数字经济助力电商市场蓬勃发展。

现在的数字化已不仅是传统产业转型的趋势，也使实体经济与数字经济融合成为趋势。中国已成为全球规模最大的数字化产品或服务的需求市场。随着云计算、物联网、大数据、5G通信、人工智能等数字技术的普及，数字化技术、产品和应用的创新将形成更大的市场。现在的数字技术是位于现在跟未来临界的突破性技术，不仅是ICT（信息通信技术）产业升级的关键桥梁（数字产业化），对电商等新兴商业模式的发展同样至关重要（产业数字化），尤其是加上区块链和量子通信之后。推进我国数字经济持续健康发展将成为国家主要发展方向，我国应该努力将数字经济迅速增长的先机变成各行各业转型升级的契机，加快数字经济与传统产业深度融合，逐步建立开放、公平、健康的数字经济生态体系。

1.1.2 电商直播市场的发展现况

我国数字经济发展的一大特点是模式创新，几乎每一次模式创新都会形成新的消费形式与消费需求，进而为扩大消费提供增量。模式创新的经典案例就是电商直播模式。电商直播模式是一种典型的数字经济应用场景，其之所以能扩大消费，是因为场景化的直播带货是一种唤醒式消费，能够挖掘消费者潜在的消费需求，最终形成真实的交易。

（1）什么是电商直播。

电商直播是电子商务与网络直播的有机融合，既具备网络直播特有的线上实时互动属性，又兼具各类电子商务营销、用户关系管理等功能。电商直播的实质是"内容＋电商"，它不仅改变了传统商业网络中"货—场—人"等实体生态关系，而且是对已有网络营销方式进行的全面性升级，根据货品选择和私域流量现状，重新组织直播的形式、环节、内容等。电商直播主要包括平台直播和网红带货这两种模式。

一是平台直播。其实质是以平台为载体，进行内容生产和消费的直播。平台为买卖双方的远程交易提供了基本的保障，最终使企业获得品牌的提升或销量的增长。相比于传统线上店商的平面静态图文展示，平台直播面对面的生动情境对消费者有更直观的冲击力，更能够给企业带来新的发展动能。

二是网红带货。网红带货也称网络直播带货或直播带货，是指具有一定私域流量的网络主播等，通过网络直播模式推介销售各类商品或服务的行为和过程。网红带货是一种"粉丝经济"，也是一种新型电子商务业态，它打破了传统电商企业一直存在的电子商务平台经营者和平台内经营者的二元结构，主要有以下三种模式，如表 1-2 所示。

表 1-2 网红带货的三种模式

模式	内容	主播在模式中的角色
模式一	网络主播作为广告代言人代为推销商品或者服务	网络主播身份为广告代言人
模式二	网络主播销售自制的或者他人生产的商品	网络主播是销售者
模式三	网络主播以第三方及其他经营者的名义销售商品并根据销售额获取一定比例佣金的模式	网络主播相当于促销员

（2）电商直播的发展历程。

直播平台的出现为企业进行产品与服务的传播带来了新的契机。"直播+电商"的模式成为一种新的推销手段，以直播为工具，电商为基础，通过直播为电商带来流量，从而达到为电商销售的目的。电商直播行业的发展大致经历了四个发展阶段，如图 1-3 所示。

- 淘宝直播开始运营
- 蘑菇街直播正式启动

2016年 兴起阶段

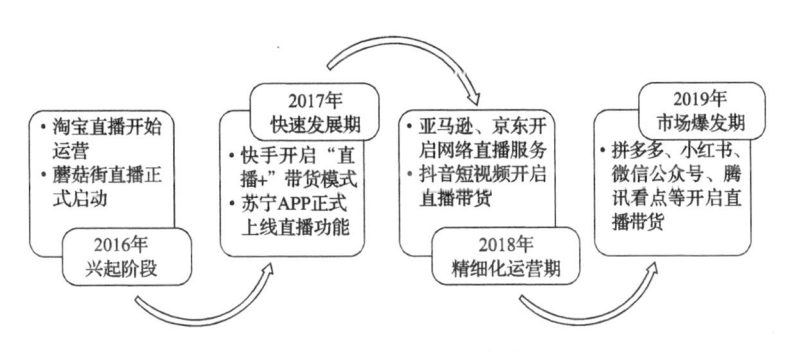

2017年 快速发展期
- 快手开启"直播+"带货模式
- 苏宁APP正式上线直播功能

- 亚马逊、京东开启网络直播服务
- 抖音短视频开启直播带货

2018年 精细化运营期

2019年 市场爆发期
- 拼多多、小红书、微信公众号、腾讯看点等开启直播带货

图 1-3 电商直播行业的四个发展阶段

从图 1-3 中可看出，2016 年网络直播在我国兴起并呈现快速发展的态势，为电商直播的发展奠定了网络营销的基础；同年，淘宝直播和蘑菇街直播启动，预示着我国电商直播的正式启动；到 2019 年，电商直播已经成为我国电子商务的主流模式。未来，随着 5G 商用的快速布局，商品展示动态化趋势日趋明显，电商直播规模将持续增长，涉及的领域将不断扩大，行业未来或向平台化、产业化不断发展。同时，电商直播也将迎来新的发展红利阶段，成为变革传统企业营销模式的重要力量。2020 年，我国电商直播进入高速发展的新时期，"直播+"模式不仅成了直播平台及内容创作者的选择，也成为传统企业进行电商直播营销的选择。电商直播的及时性、互动性等特质深受传统企业的喜爱，电商直播模式让主播和数量庞大的专属粉丝团体在分享产品和生活点滴的同时，也与粉丝（用户）形成了更加亲密的社会关系，通过对粉丝（用户）潜移默化的影响，直接或间接地影响着传统企业营销传播的效果。

（3）电商直播的发展趋势。

无论是持续挖掘新流量和用户价值，还是线下商业生态不断地往线上探索，电商直播已成为传统企业进行网络营销的重要抓手，也成为传统企业转型升级的必然趋势，如图 1-4 所示。

一是数字技术推动电商直播发展。随着 5G 通信、云计算、物联网、人工智能等"新基建"的快速落地，电商直播的优势将进一步凸显，不断地为用户提供沉浸式、嵌入式消费体验。同时，VR（虚拟现实）、AR（增强现实）和MR（混合现实）等数字化视听新技术的加速普及与应用，越来越多的行业打通直播入口、渠道和出口，使电商直播将更加日常化、生活化。

图 1-4 电商直播的发展趋势

二是电商直播差异化发展。电商直播的产业链将不断前置，供应链将不断延伸，并根据用户导向，生产定制化商品、打造个性化服务。电商直播平台应立足内容差异化，克服直播形式同质化问题，通过对产品质量与内容形式的开发，满足用户个性化需求，促进电商直播差异化发展。

三是电商直播内容精品化发展。在巨大的用户市场需求的拉动下，直播技术与电商体系相融入的企业可以建立自己内部的直播引流系统，从而将优质内容打造成为各平台的核心竞争力。电商直播未来的发展趋势应该更加倾向于UGC（用户原创）内容、PGC（专业生产）内容[1]，更加注重节目内

---

[1] 陈迎欣，郜旭彤，文艳艳. 网络直播购物模式中的买卖双方互信研究 [J]. 中国管理科学，2020，1 (14).

容的质量提升，自制内容将走向精品化。

1.2 研究问题

在数字经济的驱动下，网络直播汲取和延续了互联网的线上传播优势，通过在线视频等方式进行直播展示，可以将各种产品或服务的内容通过直播平台全方位地展现给消费者（粉丝），通过私域流量节点的虹吸效应，大大提高企业的销售量。本书主要研究电商直播模式对企业绩效的影响，即研究网红带货和平台直播两种主要电商直播模式如何通过中介变量用户体验对企业绩效产生影响，以及在质量文化的调节作用下如何对用户体验和企业绩效产生影响，其主要的研究问题包括以下四个方面。

（1）在电商平台直接镶嵌直播和商品（或服务）链接直播平台的情况下，平台直播和网红带货等主要电商直播模式对企业绩效如何产生影响。

（2）在电商直播模式影响企业绩效的过程中，作为网络营销的核心内容——用户体验在其中起到了什么作用？电商直播的内容质量、访问环境、产品（或服务）的售后服务及承诺如何影响用户体验，进而影响企业绩效。

（3）如果在进行平台直播和网红带货等网络销售过程中，因企业所提供的产品（或服务）存在质量问题出现被流量（粉丝）反噬的现象，那么，在电商直播模式影响企业绩效过程中，企业质量文化在其中有何作用。

（4）平台技术作为电商直播的数字化基础支撑，从网速、产品内容展示、主播与粉丝间互动等为电商直播的顺利进行提供了技术保障。如何确保产品（或服务）直接与粉丝（用户）无缝对接，怎么影响企业的市场绩效和财务绩效。

1.3 研究意义

不同的电商直播模式会对企业绩效产生不同的效应。因此，电商直播模式对企业绩效的影响研究不仅丰富了相关理论研究，也为政府有关部门提升治理能力、传统企业转型升级、直播购物平台的服务创新等提供了新思路、新机制、新策略。

1.3.1 理论意义

数字经济是数字技术创新应用的必然产物，是一种新的高级经济形态和高效资源配置方式，体现了数字化网络营销创新的内在要求和原生动力。本书对数字经济背景下电商直播模式对企业绩效的影响研究，揭示了其中的作用机理、验证了S-O-R理论，丰富了数字经济理论、产业生态系统理论、交易成本理论、网络营销理论等相关理论的研究内容。具体来说，包括以下几点。

（1）本书主要揭示了电商直播模式对企业绩效的影响及其机制，是对现有电商直播模式研究的丰富和扩展，有助于学术界聚集电商直播模式对传统营销模式冲击的研究焦点。

（2）本书的研究结果揭示了企业质量文化在电商直播模式和用户体验之间的作用，突出质量的价值，深化现有研究对电商直播平台作用边界的认知。

（3）本书提出了网络体验式营销新理念。数字经济必然要求数字化的网络营销模式与其相匹配。网络营销的核心内容是用户体验。因此，本书在分析网红带货、平台直播等电商直播模式作用机理的基础上，从私域流量、口碑营销、质量文化三个维度提出了数字经济背景下的网络体验式营销新理念，在一定程度上丰富了"互联网+"网络营销的理论内容。

（4）本书验证了S-O-R理论在电商直播场景中的有效性。用户（粉丝）的网络购物行为是一种新型的消费者行为。直播中的感官刺激会对用户机体的内在状态产生影响，进而影响用户的购买行为和反应[1]。因此，本书的电商直播研究情境能够检验S-O-R理论，有效说明S-O-R理论的有效性。

1.3.2 应用价值

网络直播汲取和延续了互联网的快速直观、传播高效、

---

[1] 刘洋，李琪，殷猛.网络直播购物特征对消费者购买行为影响研究[J].软科学，2020，34（6）.

展现形式多样及不受距离限制等传播优势，通过产品化、标准化、个性化、平台化的数字营销创新，推动着产业数字化发展，具有一定的应用价值。具体来说，包括以下几点。

（1）本书提出用户体验提升策略，即"企业需要从满足用户的强互动性诉求出发，打造用户的归属感"，满足用户的主观情感需求，为企业提升用户体验指引了方向。

（2）本书提出优化营销成本的策略，为传统企业的电商直播模式转型提供了思路。在企业运行的成本中，除了原材料采购成本之外，最大的成本便是营销成本。缩减营销成本能够直接改善传统企业的市场绩效与财务绩效。本书提出对电商直播模式的营销成本的优化策略，不仅有利于传统企业实现利润增加值，也有助于促进传统企业向电商直播模式的转型。

（3）本书提出创新平台机制，为直播购物平台提供创新思路。直播购物平台逐渐成为众多用户和社交商务卖家的重要选择，如何提升用户体验和电商直播平台的服务质量是关键性问题。本书提出的策略与建议为直播平台优化平台性能和功能提供了有效的实现路径与创新策略。

1.4 研究目标、方法及框架

电商直播模式是将直播与电商结合起来的新型营销方式，其兼具电商销售及直播媒介的优势，有自身的特点，对传统企业营销模式创新具有积极作用。而一种新鲜事物要得以发展，并走向成熟，除了本身的优势之外，必须能够进行价值创造。因此，本书从模式创新与价值创造的视角，设计了本书的研究目标、研究方法及研究框架。

1.4.1 研究目标

本书通过运用理论分析和实证研究相结合的方法，深入分析了在数字经济背景下网红带货和平台直播与企业绩效之间的作用机理，并提出了传统企业进行电商直播的创新策略、实施路径和政策建议等。

（1）理论目标。

电商直播模式是一种新兴的网络营销模式，研究其对企业营销模式创新和企业绩效提升具有一定的理论意义，主要体现在以下几点。

一是阐述电商直播模式对企业绩效的作用机制。通过构建结构方程模型，验证网红带货、平台直播这两种电商直播模式是否会对企业绩效产生影响，是否能够提升企业绩效。比较网红带货和平台直播这两种电商直播模式分别对企业绩效的影响大小。验证用户体验是否在电商直播和企业绩效之间都具有中介作用。

二是揭示质量文化的调节作用。通过理论和实证分析，揭示质量文化在电商直播对企业绩效产生影响的过程中所发挥着调节功能，并明确质量文化调节功能的大小及具体调节方向。

三是验证 S-O-R 理论的有效性。构建"电商直播模式中主播的营销刺激与引导能够改变用户的购物心理，进而影响用户的购买行为"的情景，通过此情景下的实证研究结果验证 S-O-R 理论。

（2）应用目标。

电商直播模式是获得品牌提升或销量增长的重要手段，对研究传统企业电商直播模式的创新具有一定的应用价值，其主要体现为以下几点。

一是提升用户体验。通过问卷调查后的 SPSS 软件（统计产品与服务解决方案软件）分析结果及结构方程模型分析结果，本书明确了用户体验在电商直播模式与企业绩效的中介作用及具体效果，提出在数字化条件下用户体验提升的策略，帮助企业寻找网络直播条件下优化用户体验的方式，助力企业通过网络直播提升企业绩效。

二是降低网络营销成本，提高市场绩效、财务绩效。本书在电商直播模式对企业绩效影响的实证分析基础上，提出电商直播低成本的优化策略，帮助传统企业积极做出向电商模式转型的决策，最终实现企业市场绩效和财务绩效的突破。

三是阐述电商直播的创新机制。利用理论分析和实证结果论述平台直播对用户体验和企业绩效的重要性,并从直播平台的性能出发,提出企业进行平台创新的机制。

1.4.2 研究方法

本书采用文献研究法、问卷调查法、统计分析法、结构方程分析法、Process模型分析法,探讨在数字经济背景下电商直播模式对企业绩效的影响机理,确保研究内容的科学性与严谨性。

(1)文献研究法。

本书在研究过程中,通过查阅相关纸质或电子资料,梳理国内外的相关文献,以电商直播模式、用户体验、质量文化与企业绩效等为主题,进行大范围的文献搜索,了解各变量的研究现状,明确相关理论的主要研究内容及未来可能的研究方向,并对收集的文献与数据等有关资料进行整理;同时,根据相关学者所提出的不同观点与理论进行归类与分析,为本书的深入研究奠定扎实的理论基础。

(2)问卷调查法。

本书在借鉴以前学者研究成果的基础上,采用成熟的量表对电商直播模式、用户体验、质量文化与企业绩效进行测量,并结合企业的现实情况设计问卷,再将问卷发放给企业的高层管理人员。在获取问卷数据的过程中,本书严格遵循实证研究的程序和方法,调研过程分为两个步骤：第一步先对采集小样本进行预测试，在预测试的基础上对问卷进行了修正；第二步是进行大规模的问卷发放与调研，回收并筛选问卷，设立筛选标准，剔除无效问卷，获得相关数据，为后续的统计分析和检验提供数据支撑。

（3）统计分析法。

本书通过对国内具有直播模式的企业大规模发放的问卷进行数据收集，根据调查结果分析其中存在的内在联系，分析在数字经济背景下电商直播模式对企业绩效的影响机制，运用统计分析软件 SPSS 20.0 和 AMOS 25.0，对样本数据进行信度、效度检验，通过描述性统计分析、结构方程模型分析及基于 Process 的模型分析进行假设验证，最终得出相应的结论。

（4）结构方程分析法。

本书利用结构方程模型对数字经济背景下电商直播模式与企业绩效进行验证，看结构关系及模型假设是否正确，并通过对显变量的测量，推断隐变量之间的相互关系。

（5）Process 模型分析法。

Process 模型分析法主要应用于 SPSS、SAS 等传统数据统计分析软件，能够处理多种同时包含中介效应和调节效应的模型，本书主要应用 Process 模型分析法验证中介变量用户体验的中介作用。

1.4.3 研究框架

本书主要针对在数字经济背景下的新型营销模式——电商直播模式的兴起，以及对拥有电商直播平台的企业绩效造成什么影响进行研究，全书包括六章，具体研究框架如图1-5所示。

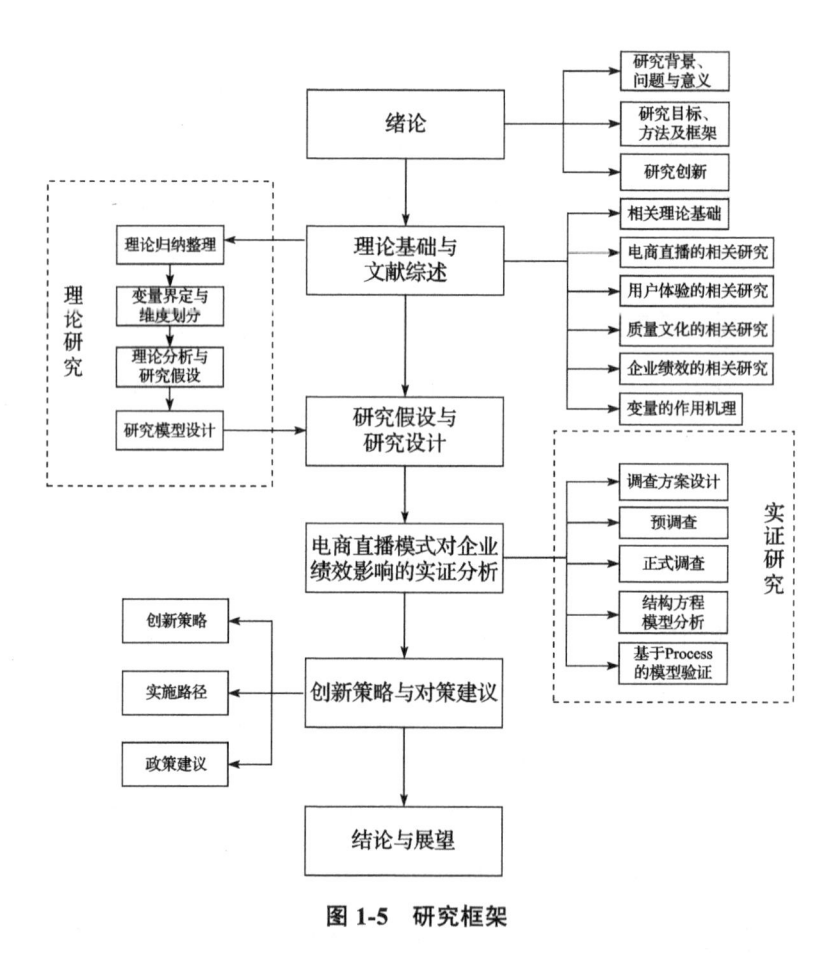

图 1-5 研究框架

第1章主要阐明了数字经济和电商直播的相关背景，指出电商直播具有很好的发展前景,并对所研究的问题、意义、目标、方法、框架与创新点进行阐述。

第2章结合国内外的文献资料,先对以往研究进行综述,再对电商直播模式、用户体验、平台技术、质量文化和企业绩效等现有的相关文献资料进行汇总整理,提出变量的作用机理,为问卷设计打下基础。

第3章首先界定了本书的变量及其维度;其次,分析S-O-R理论为构建模型提供理论基础;再次,分别从七个方面梳理了本书的研究假设;最后,阐述本书所用的结构方程模型的设计。

第4章首先进行预调查,对多余的变量维度进行剔除,确保数据的实用性;其次,在剔除后的有效数据基础上,对其进行正式调查,其中包括描述性统计分析、信度检验、效度检验;再次,对结构方程模型进行分析及评价;最后,进行基于Process的模型验证。

第5章在相应的实证分析结论基础上,给出本书的创新策略、具体方案的实施路径及相关的政策建议。

第6章对本书的研究进行总结梳理,分析研究的不足,并对后续的发展研究提出了新的展望。

1.5 研究创新

在数字经济时代,企业的网络直播已成为营销的新风向。

本书研究在数字经济背景下网红带货和平台直播与企业绩效之间的作用机理，并提出相关的创新策略、实施路径和政策建议，具有一定的创新性，主要体现为以下几点。

（1）以用户体验为中介变量。在电商直播中，网络传播媒介提供的不再是产品和服务内容，而是建立在用户（粉丝）所需内容和服务的基础上，从而能够引起用户产生情感共鸣和丰富感受的综合体验。在新媒体语境下，用户体验已经成为数字经济投入与产出的重要介质，是传播媒介对用户服务进行规模化、个性化定制的必然结果。电商直播作为一种新传播媒介，以其强大的现场感、高仿真的交流，重构了用户（粉丝）的数字化生活模式，吸引了大量用户，决定了用户（粉丝）的购买意愿，影响了企业的市场绩效和财务绩效。目前，鲜有文献从用户体验的视角开展电商直播模式对企业绩效的影响进行研究。因此，本书以用户体验为中介变量，应用 SEM 和 Boostrap 进行实证研究电商直播对企业绩效的影响，具有一定的创新性。

（2）数字经济时代的网络体验式营销是以用户体验为核心的口碑营销，集合了私域流量、口碑营销与质量文化。如今，以视频或网红为主要传播媒介的网络互动直播深受网络用户喜爱，直播平台、网红数量与用户数量与日俱增，而且很多网络用户既是消费者，也是网红，并且逐渐形成多元化、多层次专属私域流量。相对于网红带货，平台直播更容易累积属于企业的用户数据,网红带货更容易进行口碑营销,从而带动专属市场的私域流量。这两种电商直播模式都有利于企业从不同的入口获取用户数据进行市场分析,并进行个性化设计,实现精准营销,不断提高产品的销量。本书认为,数字经济时代的网络体验式营销是以用户体验为核心的口碑营销,也就是私域流量+口碑营销+质量文化=网络体验式营销。其中,私域流量是基础,口碑营销是实现路径,质量文化是保障。该网络体验式营销等式确立了在数字经济下网络营销的三个重要逻辑关系,相关内容进一步丰富了网络营销理论,具有一定的创新性。

(3)数据创新应用,提高用户体验。在数字经济背景下,用户体验升级的三大必要条件如下:一是数字技术创新及其创新应用;二是数据分析激发个性化产品(或服务)需求;三是以用户为中心的商业生态模式。其中,数据作为数字经济中具有主导性的生产要素,数据的创新应用(标准化→资产化→市场化)必然推动数据形成数据链,并引领供应链、价值链、资金链和技术链进行融合,同时,重构或转型升级等价值创造活动成为用户体验升级最直接的动力。企业的数据价值创造活动不仅让电商直播的内容更符合企业质量文化的标准,更满足了用户的体验,还可以通过私域流量的大数据分析,了解和开发用户(粉丝)的潜在需求,实现精准营销，升级用户体验，提升企业绩效。电商直播的研究尚处于起步阶段，多数研究使用的是质化研究的研究方法，比如，研究电商直播平台本身的特点、电商直播平台用户的行为特征、电商直播平台用户体验的影响因素、电商直播平台用户留存的影响因素等，研究内容较为宏观。本书应用 S-O-R 理论建立相应的理论模型，并通过问卷调查收集问卷，在信度和效度检验的基础上，应用结构方程模型和 Process 分析法进行 Boostrap 检验，考察了电商直播平台对企业绩效的直接和间接效应、用户互动体验和企业质量文化在其中的作用，因此，在数据创新应用和提升用户体验方面具有一定的创新性。

1.6　本章小结

本章是绪论部分，主要介绍本书开展研究的背景、准备研究的问题及研究意义。同时，就本书的研究目标、研究方法、研究的框架及研究的创新点进行了说明。具体内容包括以下几点：第一，从数字经济的崛起和电商直播市场的形成与发展两个方面对研究背景进行阐述。第二，明确本书的研究问题，具体包括电商直播模式对企业绩效的影响问题，用户体验在电商直播模式与企业绩效间的作用问题，企业质量文化在电商直播模式与企业绩效间的作用问题。第三，从理论意义与应用价值两个方面对研究意义进行论述，为后续相关研究提供理论参考，也为从事电商直播业务的企业提供现实建议。第四，梳理本书的研究目标、研究方法和研究框架。其中，研究目标包括理论目标和应用目标；研究方法有文献研究法、问卷调查法、统计分析法、结构方程分析法等；研究框架则用框图形式列出。第五，从三个方面来阐明本书研究的创新点。

第 2 章
CHAPTER 2
理论基础与文献综述

  随着电商直播模式的不断发展，企业依靠直播不但提高了销售额，而且在绩效上也发生了巨大的变化。但在直播行业激烈的竞争下，如何在直播过程中提高用户体验，在保证平台技术的情况下，利用产品质量等方面的产品特性，激发用户的购买欲望，依旧是企业关注的话题。本章首先对以往的相关研究进行综述，再对电商直播模式、用户体验、质量文化和企业绩效进行相关文献的汇总与整理，分析这些变量的作用机理并进行文献评述，以便为后文的实证分析提供理论依据。

2.1 相关理论基础

本小节是对以往相关研究进行综述，主要涉及数字经济相关理论的数据生产要素、五链协同和数字经济的三大定律；产业生态系统理论的商业生态圈系统、供应链去中心化和平台化、价值链共享化重构；交易成本理论的治理模式选择、战略整合和产业信息流；网络营销理论的社交商务、长尾市场营销和商业模式。

2.1.1 数字经济的相关理论

20 世纪 90 年代，数字经济之父 Don Tapscott 在《数字经济》一书中最早提出了"数字经济"这一概念。1999 年 6 月，美国商务部在《新兴的数字经济》报告中公开使用"数字经济"这一定义。2016 年，G20 杭州峰会明确了数字经济的定义，即"数字经济是指以使用数字化的知识和信息作为关键生产要素、以现代信息网络作为重要载体、以信息通信技术的有效使用作为效率提升和经济结构优化的重要推动力的一系列经济活动。"目前,关于数字经济的相关研究主要集中在以下几个方面。

(1)数据生产要素重构资源配置。

生产要素是对经济活动投入资源的形象概括,属于经济学的基本概念。在数字经济时代,数据是最具价值的新型资源和最关键的生产要素,一切信息均能够以数字化形式表达、传送和储存。李晓华(2016)[①]认为,连接一切、数据成为重要生产要素等是"互联网+"具有的技术特征,它能够对生产模式、产业生态和商业模式等产生重大影响。张永恒与王家庭(2020)[②]认为,数据生产要素的作用过程具有高初始固定成本、零边际成本、累枳溢出效应三大特点,推动社会资源重配呈现赢家通吃、跨界竞争和长尾市场三重逻辑。传统企业要重视数字生产要素与传统生产要素的区别,要协调传统思维模式与互联网思维模式的重组。Ebinimi Tebepah(2020)[③]指出,数字经济包含数字技术与现实产业的结合与融合,现代产业新业态可以通过外部产业链整合和内部价值链重构的内外整合方式进行培育。总的来说,在数字经济时代,数据作为一种生产要素介入产业体系,这种介入可以整合低

---

① 李晓华."互联网+"改造传统产业的理论基础[J].经济纵横,2016(3).

② 张永恒,王家庭.数字经济发展是否降低了中国要素错配水平[J].统计与信息论坛,2020,35(9).

③ Ebinimi Tebepah. Digital Economy: The Role of the Telecoms Regulator in Nigeria [J]. International Journal of Innovation in the Digital Economy (IJIDE), 2020, 11(4).

流动性资源，打破集聚效应的空间限制，对全面重塑供应链、产业链、价值链和信息链，推动产业整体迈向中高端水平极具意义。

（2）五链协同理论。

从技术经济与创新经济的视角来看，"五链协同"的本质就是达成数字经济价值网的动态组合与有机联动。在关键性数字技术的推动下，未来世界的经济与社会发展将进一步数字化与网络化，将不断打破旧有的社会分工模式，使新产业的运作模式呈现出全程服务、复合功能、多样角色的特点。Hui Foh Foong 等（2020）[①]认为，数据作为新的生产要素具有与人才、资金、技术、产业等其他要素联动的三层次模型，它主要围绕产业链的不同环节，以多源异构数据融合为基础，动态联动创新链、资金链、人才链上的不同主体、不同生产要素，也就是"整合数据链、围绕产业链、激活资金链、连接创新链、培育人才链"。"五链协同"实现的基本机理可以概括为数据融合、业务融合、组织进化三个基本层面。

（3）数字经济的三大定律。

数字经济不仅受到经济规律的约束，同时也受到互联网三大定律的深刻影响，这三大定律分别是摩尔定律、梅特卡夫法则和达维多定律。

---

① Hui Foh Foong, Bhone Myint Kyaw, Zee Upton, et al. Facilitators and Barriers of Using Digital Technology for the Management of Diabetic Foot Ulcers: A Qualitative Systematic Review [J]. International Wound Journal, 2020, 17（5）.

摩尔定律阐述的是计算机芯片的处理能力与价格所呈的反比关系。具体来说，就是计算机芯片的处理能力每18个月就翻一番，而对应的芯片价格则以减半的速度下降，从而体现出网络科技更新的速度，反映出数字技术使成本降低的可能性及其规律，并指出廉价是科技普及的重要条件之一。

梅特卡夫法则是指网络价值以用户数量的平方的速度增长，即网络价值等于其节点数的平方。网络上联网的计算机数量越多，单台电脑的价值就越大。

达维多定律指出进入市场的第一代数字化产品能够自动获得50%的市场份额，只有新产品才能够保证企业的市场占有率长盛不衰。这一定律使企业在市场竞争中要想立于不败之地，必须不断地进行技术革新和应用创新，必须淘汰用户（粉丝）、产品或服务，只有做第一个开发出新一代产品或服务的人，才能在残酷的市场竞争中永葆活力。

2.1.2 产业生态系统理论

产业生态学家针对产业（主要是工业）活动及其对自然系统的影响，通过比拟生物新陈代谢过程和生态系统的结构与功能，特别是物质流与能量流的运动规律，提出了产业生态系统（为了与工业园区概念相对应，又称生态工业园）这一替代模式。产业生态系统具有开放性、循环性、层次性、本土性、经济性、演进性、调节性等特点。产业生态系统的研究焦点集中在以下几个方面。

（1）商业生态圈系统的相关研究。

Moore（1993）[①]在《捕食者与猎物：一种新的竞争生态》中较为详细地阐述了商业生态系统从开拓、扩展、领导、自我更新或灭亡四个阶段的进化规律，并指出商业生态系统是组织、个人相互作用的经济联合体。商业生态系统包括生产者、供应商、经销商、中介机构、消费者等利益相关者，通过一定的价值交流或利益交换关系协同构成价值链，相互交织形成价值网络。Tsujimoto等（2017）[②]认为，商业生态系统的研究主要分为两个类别：一是以组织边界理论为基础的商业生态系统，主要探索了组织边界理论的效率、权力、权限和身份等因素的作用；二是以平台管理理论为基础的平台生态系统，主要探索了平台管理的意义和平台的动态机制。商业生态系统作为一种新型的企业综合性网络，不仅具有企业网络的一般特征，还具有生态位分离、系统的多样性、系统健康的重要作用、运作动力、网络状结构和自组织特征等重要特征。

（2）供应链去中心化和平台化的相关研究。

随着数字技术的创新及其应用，供应链已经延伸到供应

---

① Moore J F. Predators and Prey: A New Ecology of Competition [J]. Harvard Business Review, 1993, 71 (3).

② Masaharu Tsujimoto, Yuya Kajikawa, Junichi Tomita, et al. A Review of the Ecosystem Concept—towards Coherent Ecosystem Design [J]. Technological Forecasting & Social Change, 2017(136).

网链和生态圈，在产业生态融合的基础上，供应链管理将逐步发展成为战略型网链式生态圈管理。供应链去中心化是指在供需网链结构中，供需运作不再围绕着某一个或几个核心企业或核心环节，在信息对称的条件下，供应链各节点之间可根据用户需求对资源进行有效的自组织重组。去中心化趋势已经成为供应链体系建设的方向。罗辉林和唐琳琳（2017）[1]认为，随着"互联网+"的深入推进和电子商务的快速发展，产品供应链将完全扁平化，并逐步实现"去中心化"。也就是说，产品制造商将直接面对最终顾客。李梅芳等（2020）[2]以区块链"去中心化"思想为基础，提出建筑供应链"去中心化"管理模式。另外，在供应链平台化方面，张建军等（2018）[3]认为，基于"互联网+"的供应链平台生态圈可为制造企业提供从设计、生产、流通、消费、服务等全程一体化的供应链服务，是平台商业模式与供应链服务的有机结合。陈剑和黄朔等（2019）[4]认为，基于供应链的平台构建是针对供应链服务侧的平台构建模型，可以有效地对供应链的设计进行优化升级，能提高供应链的产销效率。总的来说，

---

[1] 罗辉林，唐琳琳. 共享思维——互联网下的去中心化商业革命［M］. 北京：电子工业出版社，2017.
[2] 李梅芳，薛晓芳，窦君鹏. 基于信息共享的建筑供应链"去中心化"研究［J］. 管理现代化，2020，40（1）.
[3] 张建军，赵启兰. 基于"互联网+"的供应链平台生态圈商业模式创新［J］. 中国流通经济，2018，32（6）.
[4] 陈剑，黄朔，刘运辉. 从赋能到使能——数字化环境下的企业运营管理［J］. 管理世界，2020，36（2）.

企业通过向平台转型可缩短产业链,而跨界整合可实现"去中心化""去中间化""去边界化"。

(3)价值链共享化重构的相关研究。

价值链这一概念是由哈佛大学商学院教授迈克尔·波特于1985年提出的。他认为价值链是指公司的各价值行为在营销活动中的相互联系,它们共同构成了公司营销行为的链条[1]。相比于供应链,价值链更注重于如何去创造价值增值,它并不是一些独立活动的集合,而是由相互依存的活动构成的一个系统。另外,价值活动是由价值链的内部联系联结起来的,可以通过最优化和协调一致带来竞争优势,因而,价值链的共享化重构可以带来渠道优势。许晖和王琳(2015)[2]认为,价值链共享化重构涉及原有价值链的分解和新价值链的整合,其本质就是形成适应市场的新价值链,即企业在研发、生产和销售等环节中,根据市场供求的变化,灵活调整自己的价值创造活动。Xiaoqin Yin等(2017)[3]认为,国际贸易结构会因为结构和周期的因素而发生不可逆的改变,主要表现在国际贸易结构随供应链、价值链的协同变化而变化。

---

[1] 迈克尔·波特. 竞争优势 [M]. 陈小悦, 译. 北京: 华夏出版社, 2014.
[2] 许晖 王琳 价值链重构视角下企业绿色生态位跃迁路径研究——"卡博特"和"阳煤"双案例研究 [J]. 管理学报, 2015 (4).
[3] Xiaoqin Yin, Chenchen Dong, Chuang Liu. Global Value Chain Restructuring in the Trade of Knocked Down Products [J]. Transactions of Famena, 2017, 41(1).

2.1.3 交易成本理论

当"利用价格机制是有成本的"这一观点被提出后，交易成本理论开始逐渐形成，Coase（1960）[①]进一步对其进行界定：为了完成一项市场交易，有必要发现谁想要进行交易，然后通知想要进行交易的人，交易双方进行协商和讨价还价，起草合同，为保证合同得以顺利实施进行必要的监管，这些都会产生交易成本。Coase 是交易成本理论的首要代表人物，随后的学者便是在其研究的基础上分析交易成本的影响因素与测量方式。成本交易理论已经广泛地应用到经济学、金融学、法学、政治学、管理学和公共政策等领域。交易成本理论的研究焦点集中在以下几个方面。

（1）治理模式选择的相关研究。

交易成本理论可以作为企业在内部不确定性环境下选择治理结构的理论支持。由于交易成本理论是通过度量不确定性、交易频率和资产专用性及机会主义行为来间接度量交易成本，交易成本影响组织对市场治理、联合治理和统一治理三种交易治理模式的选择（方勇等，2020）[②]。

市场治理是指在资产专用性程度较弱的条件下，企业可采用竞标、委托等方法直接从市场上购买，主要特征是市

[①] Coase R. Problem of Social Cost [J]. Journal of Law & Economics, 1960, 3 (4).

[②] 方勇，李倩，张鹤达. 我国企业基础研究的交易成本与支持政策研究 [J]. 科技管理研究，2020，40 (12).

场上有很多组织或个人有能力提供某类产品或服务。统一治理是指在资产专用性程度较强的条件下，企业须自建专用性资产来提供产品或服务，主要特征是市场上有较少组织或个人有能力提供某类产品或服务（于飞等，2017）[①]。资产专用性的影响可以从交易成本理论进行解释（吴小节等，2019）[②]。

联合治理包括双方治理和三方治理等治理方式。双方治理是指企业、大学、研究院所等政产学研主体中的两方本着共担风险、互惠互利的原则，联合开展活动的治理模式。该模式的管理制度相对复杂，应用时须防范机会主义和个人理性。三方治理是指在市场失灵或政府失灵等情况下，利益独立的第三方通过制度、契约等方式参与政产学研的管理或监管活动。

（2）战略整合的相关研究。

企业纵向整合战略通常是指企业应对不断变化的、复杂的外部环境，通过整合与协同，集成与融合企业的战略资源，从而形成对此类资源和能力的有效掌控，以保持具有竞争优势的战略性行为与模式。其主要目的是优化关键生产环节，培育企业的核心竞争力。

[①] 于飞，蔡翔，董亮. 研发模式对企业创新的影响——知识基础的调节作用 [J]. 管理科学，2017，30（3）.

[②] 吴小节，陈晓纯，彭韵妍，等. 制度环境不确定性对企业纵向整合模式的影响机制：认知偏差与动态能力的作用 [J]. 管理评论，2019，31（6）.

企业纵向整合战略用于整合产业链上下游企业的战略性行为，不但包括战略购买与重组，还包括收购与兼并、特许经营和战略联盟等多种战略整合行为和模式。

交易成本理论是研究企业边界决策最重要的理论。交易成本是企业纵向整合战略实施的重要考量，当市场交易成本相对较高时，为了降低与市场交易相关的风险和费用，企业的交易行为更倾向于内部交易。纵向一体化是解决资产专用性最好的办法，资产专用性较高的资产是用于特定任务的专用资源，将其重新部署移作他用的成本较高。因此，纵向一体化可以有效地避免由于资产专用性导致的风险。在纵向一体化下，由于企业具有识别并制裁机会主义行为的能力，必将导致用于搜寻、筛选现有、潜在交易标的及履行交易契约所产生的交易成本明显降低。

（3）产业链信息流的相关研究。

交易成本理论的宗旨是为了避免由于高度不确定性的环境因素导致企业之间签订契约所产生的成本。其中，内部不确定性在通常情况下是由于合作者之间的信息不对称及进入企业和接受投资的企业之间经历的不对称所导致的。因此，交易成本理论指出，交易双方存在的信息不对称性越大，可能出现机会主义行为的风险越高。

信息不对称导致商品在市场交易中很难得到一个公平的

市场价格（孙聪等，2019）[①]。商业生态系统的网络效应降低了企业间的信息不对称，提高了产业链的信息流动效率，增强了产业链内部信息的可操作性。在商业生态系统中，价值链之间的企业不再遵循以往线性的价值创造过程，而是遵循具有水平关系的价值网络。这种价值网络将缩短供应链上企业与顾客之间的距离，提升上下游企业之间的信息传播效率和传播效果，降低传统供应链中的"长鞭效应"。

2.1.4 网络营销理论

网络营销是指使用互联网技术作为服务平台的营销方法，只要是以互联网为基础开展的营销活动都可以被称为网络营销（张罡等，2019）[②]。网络营销理论的代表人物之一菲利普·科特勒指出，网络营销应当划归为直接营销的一种。由于网络营销的成本相对较低、效率更高，其在企业营销活动中所占的比重越来越大。它打破了时间和空间的限定，被应用于提升品牌的影响力、降低营销成本、提高营销目标的准确性、实现营销内容的多元化、提高互动性等。但关于网络营销的定义都莫衷一是，尚未形成统一定论。现在多数研究聚焦在以下几个方面。

[①] 孙聪，魏江. 企业层创新生态系统结构与协同机制研究[J]. 科学学研究，2019，37（7）.

[②] 张罡，王宗水，赵红."互联网+"环境下营销模式创新：价值网络重构视角[J]. 管理评论，2019，31（3）.

（1）对社交商务的相关研究。

网络营销是一种基于互联网的营销方式，社交商务的发展能促进消费者网上消费（谢广营，2016）[1]。IBM在1996年提出电子商务的概念后，雅虎提出了社交商务的概念。随着互联网社交和电子商务等数字化活动的活跃，社交商务引起了人们高度的关注。社交商务是指基于社交网站的平台化商业模式，包括内容创造和用户网络交互，即内容和交互成为社交商务两大基础功能（陈可等，2014）[2]。

实现社交商务的方式有两个：一是网络交互，利用网络交互进行营销推广，能更好地帮助企业和消费者沟通与交流，能更好地提升用户的消费体验，从而提高用户（消费者）的满意度和再购率（李慢等，2014）[3]。其中，通过即时通信软件、社交网络、虚拟社区、面对面等发生在社交商务平台之外的交流互动，也会打通网络虚拟性、匿名性的隔阂，降低用户之间的不信任程度（周军杰，2015）[4]。二是内容创造，理解社交商务就必须清楚什么类型的内容能引起消费者的兴趣。相比传统的营销方式，平台、内容、方式是在社交商务中不可

---

[1] 谢广营. B2C及C2C网购物流服务质量测量述评：一个概念模型及理论框架 [J]. 管理评论，2016，28（4）.

[2] 陈可，涂平. 顾客参与服务补救：基于MOA模型的实证研究 [J]. 管理科学，2014，27（3）.

[3] 李慢，马钦海，赵晓煜. 网络服务场景对在线体验及行为意向的作用研究 [J]. 管理科学，2014，27（4）.

[4] 周军杰. 社会化商务背景下的用户黏性：用户互动的间接影响及调节作用 [J]. 管理评论，2015，27（7）.

或缺的重要组成部分。互动也是网络营销所特有的属性，它包括消费者（用户或粉丝）与企业之间的互动、消费者（用户或粉丝）彼此的互动、消费者（用户或粉丝）与社群之间的互动等。只有制订符合企业商务实际的相关互动策略，才能实现企业网络营销策略的精准与优化。

（2）对长尾市场营销的相关研究。

长尾市场是指那些需求不旺或者销量不佳的产品所共同构成的市场。借助网络销售开发长尾市场是大势所趋（Irfan Kanat 等，2018）[①]。网络营销为产品提供了无限的存储空间和便捷的流通渠道。网络营销激发了长尾市场效应，出现了众多小市场汇聚成"大市场"与主流市场匹敌的现象。

企业在长尾市场实现网络营销，需要做到以下四点：一是关注长尾商品价值，确立利基市场的竞争优势；二是完善商品搜索系统，建立消费者需求引导体系；三是形成消费者交流、评价体系；四是利用网络优势降低成本。

（3）"互联网+"商业模式的相关研究。

网络营销领域的研究包括对互联网环境下商业模式的研究。在互联网时代的商业模式中，企业的外部环境、资金管理、营销方式等诸多因素都发生了变化，无论是老牌传统企

---

① Irfan Kanat, T S Raghu, Ajay Vinzé. Heads or Tails? Network Effects on Game Purchase Behavior in the Long Tail Market [J]. Information Systems Frontiers, 2018, 22(10).

业，还是新兴数字化企业都需要走创新变革之路，必须充分利用数据、信息和流量，发展多样式网络商务交流平台，以组合出数字化新商业模式（纪雪洪等，2019）[①]。企业"互联网+"的商业模式开创了商业共同体的新格局。在"互联网+"商业模式下，商业共同体可以借助网络商务和私域流量有效地获取用户信息，利用大数据技术准确预测、推断用户偏好，从而实施"点对点"的用户体验式管理，实现精准营销（郑春东等，2015）[②]。

2.2 电商直播的相关研究

在数字经济不断成熟的背景下，许多企业往往将电商直播作为企业未来发展的一种创新化趋势。电商直播的出现对传统营销产生了很大的冲击，成为传统企业转型升级的一大路径。据此，本小节对电商直播的相关文献进行梳理，以便为后文的研究做好基础。

2.2.1 电商直播的概念

从根本上说，电商直播是网络直播的一个种类。从直播的内容来看，电商直播涉及的内容较为单一，主要负责对某

[①] 纪雪洪，张思敏，赵红. 创业企业商业模式调整机制研究：直接动因、调整过程与主要模式 [J]. 南开管理评论，2019，22（5）.

[②] 郑春东，韩晴，王寒. 网络水军言论如何左右你的购买意愿 [J]. 南开管理评论，2015，18（1）.

一品牌或具体产品做宣传。

尽管直播电商似乎是电商行业重新焕发生机与活力的新方式，但电商行业要达到真正意义上的繁荣并不是那么容易，企业需要根据自己的情况选择适合的带货模式。"直播＋电商"主要有三种模式：一是电商平台直接镶嵌直播功能。这一模式相当于把直播变成电商的"附属品"，如淘宝、京东等。在这种模式下，利用电商平台自带的公域流量带动直播流量，等直播平台拥有充足的固定流量之后，再利用直播流量反哺电商。这是大多数电商平台最喜欢用的模式。二是直播平台通过商品链接与电商平台发生关系。这种模式出现的情况比较少，但是一些专业的游戏直播平台会采用这种模式。游戏直播平台可能会在直播室中挂上游戏币、游戏点卡的购买链接，但是在相应的直播结束后，链接也会马上被拿下，并不会长期被摆放。三是以直播为主打内容的电商平台。这种模式被运用的情况虽然比较少，但其才是真正的"直播＋电商"的营销模式。现在，以直播为主打内容的电商代表主要有小红书、无比尚品等。这类平台的出现就是为了让直播带货变得更加方便，也更加容易累积属于主播自己的私域流量。

2016年后，国内网络直播的研究文献逐渐出现，但有关于电商直播的研究文献并不多，其往往将电商直播作为未来网络直播的一种发展趋势来看，如表2-1所示。

表 2-1　直播的相关概念

年份	作者	观点
2004	Paul Levinson[1]	网络直播是在技术环境的有力扶持下的营销模式
2016	沈霄等[2]	"直播＋电商"模式分为两类：一类是"电商平台＋直播功能"的电商直播销售模式，如淘宝直播间、网红带货等；另一类是直播平台依托前期积累的用户人气（私域流量）而建立的独立电商购物系统，如斗鱼直播的游戏赛事直播等
2018	王成文[3]	直播是电商店家或模特主播为增进与用户的互动、激发用户的购买行为，通过直播平台向用户展示所售商品的活动
2019	刘禹辰、尹响[4]	直播是实时互动的一种方式，在信息传播过程中，依靠移动流媒体在线播放技术，实时同步公开打赏、喊麦、弹幕等信息的传播行为
2020	黄楚新、王丹[5]	直播购物是直播与社交商务相结合而产生的一种新型购物形式

实际上，电商直播是网络直播垂直化模式中的"直播＋"

---

[1] Paul Levinson. Real Space: The Fate of Physical Presence in the Digital Age, on and off Planet [J]. Taylor and Francis, 2014, 6(2).

[2] 沈霄，王国华，杨腾飞，等. 我国网红现象的发展历程、特征分析与治理对策 [J]. 管理评论，2016，35（11）.

[3] 王成文. 内容创业的十种商业模式 [J]. 南开管理评论，2018（7）.

[4] 刘禹辰，尹响. "融媒体＋电商"在少数民族地区精准扶贫中的新作用——基于四川的案例分析 [J]. 西南民族大学学报（人文社科版），2019，40（5）.

[5] 黄楚新，王丹. 聚焦"5G＋"：中国新媒体发展现状与展望 [J]. 管理工程学报，2020（8）.

模式。所以，本书认为，电商直播是"电商平台+直播功能"的营销模式，电商直播是以移动电商平台为载体，以私域流量为营销对象，将其作为一种新型的电商内容的营销手段来助力企业绩效的提升。本书从电商模式现有维度研究不足的情况，参考电商从业者的建议，将电商模式分为网红带货和直播平台两个维度，试图研究网红带货及直播平台这两个自变量通过用户体验这个中介变量对企业绩效的影响。

2.2.2 电商直播的维度测量

龚潇潇等（2019）[①]认为，网络直播营销主要是以直播平台为载体，并最终达到企业品牌提升或销量增长的目的。电商直播是一种新型的网络营销模式，主要是借助直播这一交互形式来完成的活动（张敬，2016）[②]。越来越多的电商平台依靠大数据技术逐步实现个性化推荐和精准营销。平台为买卖双方的远程交易提供了基本保障，很多电商平台都推出了用户边看直播边购买的功能，把用户观看直播作为一次侵入式的消费体验，让用户观看直播与购买商品无缝衔接。可以说，平台实际上是采用电商模式的企业搭建的营销"市场"。因此，平台直播是电商直播模式的一个重要

[①] 龚潇潇，叶作亮，吴玉萍，等. 直播场景氛围线索对消费者冲动消费意愿的影响机制研究 [J]. 管理学报，2019，16（6）.

[②] 张敬. 以内容融合为先导构建媒体新生态 [J]. 管理学报，2016（10）.

维度。

网红可以根据粉丝的需求及社群的特征进行产品选择和有针对性的营销。在直播营销过程中,网红所营造的不是"卖东西"的场景,而是"我推荐的东西"和"我来陪你挑选的东西"的场景。这种场景是一种情感上的关联,比较容易在短时间内使粉丝产生信赖感,从而成为带动产品或服务销售的重要因素。因此,网红带货是电商直播模式的一个重要方面。

综上所述,本书将从网红带货和直播平台两个方面对直播模式进行划分,以期更好地介绍直播模式与中介变量用户体验和因变量企业绩效之间的关系。

2.2.3 电商直播的兴起对企业的作用

主播或网红逐渐在电商直播用户体验中位居主导地位,经主播或网红在电商平台推介的产品或服务具有很高的交易转化率和复购率,配合私域流量的电商直播打破了传统电商的营销方式,成为迅速为企业去库存和创收的重要手段。同时,电商直播模式的精准营销注重与粉丝(用户)建立并维护电商社交关系,优化了传统电商消费体验的模式,以及引导了传统电商转型升级的方向。社交电商应运而生,成为企业商业模式创新与变革的重要机会,电商直播模式必将成为未来企业营销管理的标配。

电商直播源于网络直播，但完全超越了网络直播的功能，以微信、微博、今日头条等网络社交平台为依托，依靠主播或网红集聚巨大的私域流量，向粉丝分享消费体验，在电商社交场景中激发消费者碎片化的购买需求，实现流量变现（郭全中，2016）[①]。许向东（2018）[②]在《我国网络直播的发展现状、治理困境及应对策略》中指出，"直播+电商"已经成为一种新型网络营销模式。电商直播模式具有生命力的原因在于，网红或主播群体不仅能够通过自身影响力和传播力在各类消费领域与供应链合作对接，还可以通过营销渠道实现私域流量变现。

2.3 用户体验的相关研究

用户体验是直播模式的命脉，直播模式设计应"以用户为中心"。用户体验这一概念在20世纪90年代被提出，其理论与方法最早应用于人机交互中，之后在计算机和互联网融合发展的影响下，用户（客户）体验理论得到了更广泛的应用和发展。近几年，随着互联网行业（如电商）的繁荣发展，对用户（客户）体验的研究也越来越有深度和广度，国内外关于用户体验的研究也比较多。

---

① 郭全中. 互联网新趋势：从"在线"到"在场"[J]. 管理学报, 2016（8）.
② 许向东. 我国网络直播的发展现状、治理困境及应对策略[J]. 暨南学报（哲学社会科学版）. 2018, 40（3）.

2.3.1 用户体验的概念

ISO（国际标准化组织）将用户体验定义为"一个人对产品、系统或服务的使用或预期使用所产生的感知和反应"，即影响用户体验的三个因素是系统、用户及其使用环境。国外最具代表性的研究是加勒特（2011）[1]将产品的用户体验从低到高分为五个层次：战略层、范围层、结构层、框架层和表现层。每一个层面都以其下面的层面为基础。

用户体验是交互设计的核心。同国外学者一样，李鸿磊等（2020）[2]也认为用户体验是人和产品交互时产生的感受。为了准确理解用户体验的概念，学者们也尝试通过用户体验的影响因素来分析，并对其进行解读。张力元等（2020）[3]认为用户的性别、年龄、家庭环境、教育背景、职业、生活习惯等都会影响用户对产品的使用体验。

综上所述，用户体验产生于用户与外部环境和其他用户的不断互动过程中，准确定义用户体验的困难在于用户体验的动态性，用户体验的概念依旧较为模糊。很多学者对用户体验的研究存在一定的相似性，即认为用户体验是用户接触产品时的心理感受，影响用户是否购买产品。因此，对本书

---

[1] 杰西·詹姆斯·加勒特. 用户体验要素：以用户为中心的产品设计 [M]. 范晓燕，译. 北京：机械工业出版社，2011.

[2] 李鸿磊，刘建丽. 基于用户体验的商业模式场景研究：价值创造与传递视角 [J]. 外国经济与管理，2020，42（6）.

[3] 张力元，李振淼，王军. 电商生态系统的用户感知模型研究 [J]. 情报科学，2020，38（8）.

所要研究的电商企业来说，用户体验对直播的效果起到至关重要的作用，是企业直播过程中需要重视的一个关键要素。结合学者的研究，本书认为用户体验是在网络营销中用户对直播购物的售前、售后服务，以及在使用产品的过程中建立起来的一种主观心理感受，包括人们对产品、系统或服务使用的期望，以及认知印象和反馈。

2.3.2 用户体验的测度

精美的界面、便捷的操作、流畅的交互都会让用户产生认同感和亲切感，是增强用户与产品之间的情感纽带。因此，如何实现高质量的用户体验成为直播模式的关键。但完善用户体验的首要途径还需要从用户体验的测度出发，以各测度为出发点，逐个提升，最终帮助企业提升用户满意度。

随着对用户体验的研究逐渐深入，用户体验的测度也不断得到丰富。在各个领域中认可度较高的是由 Peter Morville 总结出的用户体验蜂窝模型，其包括有用性、可用性、可寻性、满意度、可信度、可获取性六个要素。在此基础上，申光龙等（2016）[1]认为，用户体验蜂窝模型的用户体验评价指标是有用性、可用性、可寻性、可获取、可信度和满意度。除此之外，国内外学者对用户体验的测度划分持有不同看法，

---

[1] 申光龙，彭晓东，秦鹏飞. 虚拟品牌社区顾客间互动对顾客参与价值共创的影响研究——以体验价值为中介变量[J]. 管理学报，2016，13（12）.

如表 2-2 所示。

表 2-2　用户体验测度

年份	学者	测度划分
2015	郭伏等[1]	信息体验、娱乐体验、互动体验
	于本海等[2]	功能体验、享乐体验、社会体验
2017	王正沛等[3]	感官体验、认知体验、技术体验、服务体验、情感体验、价值体验
2018	刘阳等[4]	感官体验、交互体验、情感体验
	Bohman Katarina 等[5]	感官认知体验、情感体验和认知评价体验
	Kim、Rhiu 和 Yun[6]	感知有效性、感知易用性、用户行为意向
2019	Hakam W. Alomari 等[7]	美学体验、功能体验、效能体验、交互体验

---

[1] 郭伏, 丁一, 张雪峰, 等. 产品造型对用户使用意向影响的事件相关电位研究 [J]. 管理科学, 2015, 28 (6).

[2] 于本海, 杨永清, 孙静林, 等. 顾客体验与商户线下存在对社区 O2O 电商接受意向的影响研究 [J]. 管理学报, 2015, 12 (11).

[3] 王正沛, 李国鑫. 消费体验视角下新零售演化发展逻辑研究 [J]. 管理学报, 2017, 16 (3).

[4] 刘阳, 朱君璇. 基于移动社交网络的用户体验动态测量研究 [J]. 管理世界, 2018, 41 (6).

[5] Bohman Katarina, Örtlund Ronja, Kumlin Groth Gustav, et al. Evaluation of Users' Experience and Posture in a Rotated Swivel Seating Configuration [J]. Traffic Injury Prevention, 2020(8).

[6] Kim, Rhiu, Yun. A Systematic Review of a Virtual Reality System from the Perspective of User Experience [J]. International Journal of Human–computer Interaction, 2018, 36 (10).

[7] Hakam W Alomari, Vijayalakshmi Ramasamy, James D Kiper, et al. A User Interface (UI) and User eXperience (UX) Evaluation Framework for Cyberlearning Environments in Computer Science and Software Engineering Education [J]. Heliyon, 2019, 6 (5).

王志远等（2018）[①]基于移动网购体验的相关研究提出了用户体验可划分为内容体验、功能体验、界面体验、情感体验四个维度。而界面体验影响网购过程中针对产品与服务的互动情况（互动体验）；内容体验、功能体验和情感体验属于网购过程中及购物结束后的享乐体验。考虑到电商直播中用户体验与移动网购体验的相似性，本书从互动体验、享乐体验这两个维度来测量用户的直播体验。

2.3.3 用户体验在销售中的应用研究

Bernd H.Schmitt 在其发表的作品 *Experiential Marketing* 中围绕用户体验的结构从营销角度进行了阐述，指出体验式营销主要含有服务对象的感官（视觉、听觉、嗅觉、味觉、触觉）和情感（喜、怒、哀、惧）等多个方面。这一解释为用户体验在营销中的应用提供了方向。学术界认为用户体验在销售中的应用主要表现为几个方面，如表2-3所示。

---

① 王志远，吴泗宗，翟庆华. 如何提升移动网购体验——基于用户双重视角体验质量影响因素的实证研究 [J]. 当代财经，2018（6）.

表 2-3 用户体验在销售中的应用研究

应用	年份	学者	观点
零售模式改变	2019	滕乐法等[①]	在互联网时代营销转向以"互联网+便利店"的用户体验、参与设计和大数据驱动的新形势。销售行业向体验型销售模式发展，通过围绕用户来打造具有高品质、便利、舒适的新购物场景，从而构建高回购率的新销售运行模式
		张宸等[②]	利用用户的真实体验做全面调研，也能够改进销售的多个环节，实现"互联网+便利店"销售与用户满意度的提升，能帮助企业实现更好的零售经营
促销广告形式改变		李震[③]	商业广告的技术支撑是信息科技，宣传平台是数字媒介，不仅改善了传统的商业广告模式，而且解决了信息反馈的弊端。信息在传播过程中化被动为主动，从单向互动转化为双向互动，使用户不断产生丰富的体验和强烈的代入感；同时，影响用户的消费意识、动机和能力，直接导致用户消费行为的变化，让原本乏味的平面广告变得生动、有趣

---

① 滕乐法，吴媛媛，李峰. 越沉浸越好吗——品牌体验中消费者沉浸程度的双重影响研究 [J]. 管理世界，2019，36（6）.
② 张宸，周耿. 电商平台创新优势与线上线下厂商竞争 [J]. 经济与管理研究，2019，40（3）.
③ 李震. 谁创造了体验——体验创造的三种模式及其运行机制研究 [J]. 南开管理评论，2019，22（5）.

续表

应用	年份	学者	观点
商业模式的改变	2017	刘建刚等[①]	目前的直播可以通过虚拟道具完成大量的"打赏"行为,主播和平台则借此赚钱,这种互动的视频体验模式为广大用户带来了全新体验并开启"打赏"的商业运作模式
人工智能技术在销售中的应用增多	2015	黄敏学等[②]	人工智能技术可以为电子商务营销提供相关的智能产品服务,如智能客服、智能推荐等新功能在提升用户体验及产品附加值方面非常受欢迎
	2017	陈静等[③]	人工智能在用户体验等方面发挥了巨大作用,并为电子商务营销保驾护航。电子商务结合人工智能可以更快更好地了解用户需求,为用户推荐高质量的产品

综上所述,用户体验在销售中的应用具体表现为零售模式的改变、促销广告形式的改变、商业模式的改变、人工智能技术在销售中的应用增多等方面。

2.3.4 供应链对用户体验的作用

传统企业对用户(客户)需求的响应往往很慢。但现如

---

① 刘建刚,张美娟,陈昌杰,等.互联网平台企业商业模式创新影响因素研究——基于扎根理论的滴滴出行案例分析[J].中国科技论坛,2017(6).

② 黄敏学,廖俊云,周南.社区体验能提升消费者的品牌忠诚吗——不同体验成分的作用与影响机制研究[J].南开管理评论,2015,18(3).

③ 陈静,于洪彦,刘容.服务型企业顾客融入驱动机制研究——基于体验的视角[J].管理世界,2017(7).

今，有些企业（如小米等）通过用户社区、微博、微信等各种信息交互平台让用户参与创造。用户参与调研、产品开发、测试、传播、营销、公关等各个环节，用户直接与产品研发工程师交流，企业即时响应用户需求，大大缩短了用户获取需求的等待时间，降低了用户获取需求的难度，让用户得到了极大的荣誉感和成就感。这种模式让用户最大限度地参与到供应链网络的环节中，更便捷、更容易地得到满意度更高的体验。供应链对用户体验的作用也受到了许多学者的关注，如表 2-4 所示。

表 2-4 供应链对用户体验的作用研究

作用	年份	学者	观点
供应链影响用户体验，最终表现为品牌价值的提高	2019	金亮等[1]	推广产供销一体化的经营模式，能够强化以用户体验为导向的产品品牌价值的塑造
供应链是通过大数据对用户体验产生作用		孙新波等[2]	从供应链中收集数据，然后利用机器学习添加结构到信息中，能够发现指导零售商改变客户体验的模式类型

---

[1] 金亮，朱莉，郑本荣. 退款保证对品牌差异化竞争供应链的影响研究[J]. 管理学报，2019，16（12）.

[2] 孙新波，钱雨，张明超，等. 大数据驱动企业供应链敏捷性的实现机理研究[J]. 管理世界，2019，35（9）.

续表

作用	年份	学者	观点
供应链是通过大数据对用户体验产生作用	2019	马德青等[1]	一方面，大数据能提供给供应商最准确的供应指引，使上游的制造商及时了解终端的需求，满足顾客不断变化的需求；另一方面，大数据能做到精准营销，将线上线下数据打通，迎合用户的喜好与需求，保障高效率运营
供应链整合能确保产品质量和供应，继而影响了用户体验	2020	李佩等[2]	利用柔性供应链贯通供应链各方的数据交互，实现需求数据与生产数据的高度一致，建立从终端用户倒逼上游生产的柔性模式，降低供应链成本，从而实现良好的性价比及供货速度，提高用户体验

除此之外，供应链是实现用户体验供应链的基础。企业的下游用户接触产品、系统与服务的所有接触点均是通向体验的门户，它们相互衔接产生的链条式关系即用户体验链（刘容等，2017）[3]。当企业以高度统一的品牌化思维创造每个用户体验接触点，即构建了用户体验供应链。

综上所述，企业所在的供应链的整合程度影响了用户体验的提高。在这一影响过程中，主要是通过大数据实现信息

---

[1] 马德青，胡劲松. 大数据营销与参考价格效应下的闭环供应链协同经营策略研究［J］. 软科学，2019，33（11）.

[2] 李佩，魏航，王广永，等. 基于产品质量和服务水平的零售商经营模式选择研究［J］. 管理工程学报，2020（5）.

[3] 刘容，于洪彦. 在线品牌社区顾客间互动对顾客愉悦体验的影响［J］. 管理科学，2017，30（6）.

交互，以此完成产品质量与供需的匹配，从而影响用户体验，最后表现为产品品牌价值的提升。

2.3.5 改善用户体验对企业的作用

在信息数据日益发达的今天，人们的生活与娱乐模式正在不断地发生变化，以用户体验为导向的视觉质量评价和优化是企业开展网络各项活动的重要话题。用户体验已成为发展新经济形式的重要抓手，用户体验的提升对企业绩效的作用也备受国内学者的关注。

提升用户体验能让企业更精准地满足用户需求，这是业内普遍被认同的观点。用户需求已经不再局限于达到产品与服务的功能性要求，而是在心理需求上提出了更高的要求，这让企业对服务的过程更加重视。德诺曼（Donald Norman）教授也认同心理需求是用户体验的改善目标之一。除了满足用户需求这一作用外，用户体验的提升对企业的作用还表现在其他方面，如表2-5所示。

表2-5 用户体验的提升对企业的作用

作用	年份	学者	观点
改善用户体验有助于企业优化产品	2016	杨学成等[1]	改善用户体验可以让用户感到易用与舒适

---

[1] 杨学成，徐秀秀，陶晓波. 基于体验营销的价值共创机理研究——以汽车行业为例[J]. 管理评论，2016，28（5）.

续表

作用	年份	学者	观点
改善用户体验有助于企业优化产品	2016	黄敏学等[①]	用户体验设计良好会使用户产生认同感和亲切感，让用户更好地对产品或服务进行全面评估，帮助企业了解产品或服务的市场痛点
	2017	孙晓枫等[②]	用户体验是互联网产品的命脉，是企业发展的第一驱动力，因此，"以用户为中心"来提高用户体验能够优化产品的设计
改善用户体验能让企业创造更高的附加值	2018	吴晓云等[③]	商业价值与用户价值会在体验上集中爆发，良好的用户体验能让用户价值与商业价值实现均衡，为企业创造更高的附加值
改善用户体验能够帮助企业提高用户流量与用户活跃度	2019	刘百灵等[④]	提高用户体验能调动用户在营销过程中的学习与交流积极性，营造良好的销售环境

[①] 黄敏学，廖俊云，周南. 社区体验能提升消费者的品牌忠诚吗——不同体验成分的作用与影响机制研究[J]. 南开管理评论，2016，18（3）.

[②] 孙晓枫，赵新军，钟莹. 基于技术进化定律的用户体验设计模型研究[J]. 工业技术经济，2017，36（10）.

[③] 吴晓云，王建平，刘恬萍. APP用户体验要素、体验价值与品牌价值——以运动类计步APP为例[J]. 财经论丛，2018（12）.

[④] 刘百灵，徐伟，夏惠敏. 应用特征与个体特质双重视角下移动购物持续使用意愿研究[J]. 管理科学，2019，31（2）.

续表

作用	年份	学者	观点
改善用户体验能够帮助企业提高用户流量与用户活跃度	2019	Juergen Sauer 等[①]	用户体验好的企业会大幅增加用户注册的数量，还会提高整个营销过程中的用户参与度

综上所述，用户体验对企业的作用主要表现在四个方面，即改善用户体验能让企业满足用户需求、有助于企业优化产品、能让企业创造更高的附加值、能够帮助企业提高用户流量与用户活跃度。

2.4 质量文化的相关研究

本书以质量文化作为调节变量，是因为一个企业的蓬勃发展离不开组织的文化与产品或服务等各方面的质量。可以说，质量文化对用户体验和企业的绩效起到至关重要的作用，是企业重要的软实力。

2.4.1 质量文化的概念

质量文化的概念出现于 20 世纪 80 年代，它是质量管理理论发展与实践的一种必然表现和高级阶段，进入 21 世纪之后，受到了企业界和学术界的广泛关注。因此，至今国内外学者虽

---

① Juergen Sauer, Andreas Sonderegger, Sven Schmutz. Usability, User Experience and Accessibility: Towards an Integrative Model [J]. Ergonomics, 2019, 63 (10).

然对质量文化尚无统一的界定,但也不存在太大的歧义。

Schein(1992)[①]运用文化领域的三层文化概念对质量文化进行定义:第一层由结构、计划、记录及技术等看得见的事件构成;第二层由组织(或企业)的潜在价值观构成;第三层由组织中统一的理念和观点构成。质量文化强调质量在非正式和非结构方面的重要性(Sattler等,2016)[②]。

容秀英(2015)[③]指出,质量文化的内层集中体现了企业的质量价值观、质量意识与理念及质量道德观;质量文化的中层是指企业的质量目标、质量方针、质量管理认证体系、质量认证法律法规和标准制度、质量管理工具等;质量文化的外层是指企业质量文化的具体行为表现,这集中表现为员工的质量行为、质量宣传教育、质量月活动、QC小组活动及厂容厂貌等。姜劲等(2020)[④]认为,质量文化对企业的产品、服务、经营管理等方面有着深刻的影响。程虹和陈文津(2017)[⑤]指出,质量文化是企业文化的重要组成部分,企业以质量为中心,通过质量文化来引领企业行为的倾向,使之促进产品质量

[①] Schein E H. Organizational Culture and Leadership [M]. New York: Jossey bass Publishers, 1992.

[②] Sattler C, Sonntag K, Gotzen K. The Quality Culture Inventory (QCI): An Instrument Assessing Quality-related Aspects of Work [M]// Advances in Ergonomic Design of Stems, Products and Processes. Berlin Heidelberg: Springer, 2016.

[③] 容秀英. 我国企业质量文化构建研究——日本的启示与借鉴[J]. 科技管理研究, 2015, 35(12).

[④] 姜劲, 白闪闪, 王云婷, 等. 线上和线下医疗服务质量对患者线下就医决策的影响[J]. 管理科学, 2020, 33(1).

[⑤] 程虹, 陈文津. 企业质量文化异质性与企业利润关联的实证研究[J]. 管理学报, 2017, 14(7).

的提升，增强企业的获利能力和竞争优势。乔美华和石东领（2020）[①]认为，质量文化是组织在长期的质量活动中形成的文化方式和内容总和，是组织文化的重要组成部分。

综上所述，国内外不同学者对质量文化的概念界定还存在一定的差异，但也有相同的方面，如认为质量文化就是和质量有关的一切，它不只体现在产品质量、工作质量、服务质量等文化内容上，而且还延伸表现为用户的消费质量、生活质量和环境质量等。因此，对本书所要研究的电商企业来说，质量文化对用户的体验及企业的绩效起到非常重要的作用，是电商企业重要的软实力。本书认为，质量文化是企业文化的核心组成部分，主要包括企业在具体的生产经营活动中所形成的质量价值观，以及以用户为中心和出发点的质量优先意识，并提供更优质的产品及服务。

2.4.2 产品质量对企业的作用

由于顾客的个性化需求，对企业的产品质量提出了更高的要求，因此，急需提升产品的质量品质。企业的产品质量问题也成为人们愈加关注的焦点，网络交易商品的监管工作也显得愈加重要。

寇军和赵泽洪（2019）[②]认为，产品或服务质量的提升有利于强势零售商增加产品或服务的延保服务销量，但维护产

---

① 乔美华，石东领. 质量文化、经济高质量发展的测度与时空演进［J］. 统计与决策，2020，36（13）.

② 寇军，赵泽洪. 产品质量影响下延保服务与产品联合定价与库存策略［J］. 管理评论，2019，31（6）.

品或服务的质量成本高对制造商不利。赵剑波等（2019）[①]指出，企业的质量文化是产业质量文化的重要组成部分，产业质量文化除了产品或服务的质量文化外，还包括由产业结构决定的供给结构文化等问题。刘咏梅和葛慧中（2019）[②]指出，低质量的产品开辟线下体验店的条件更低。李佩等（2020）[③]认为，产品的质量和服务水平影响消费者的购买行为，进而影响产品需求与供给。当市场需求较高时，平台模式更有可能占优势；当市场需求较低时，分销模式更有可能占优势。因此，产品质量和服务水平是影响零售商经营模式选择的重要因素。另外，还有部分学者的研究，如表 2-6 所示。

表 2-6 产品质量对企业的作用

年份	学者	观点
2016	朱立龙[④]	产品质量水平高将激发顾客的潜在需求，市场总需求最大
2017	康振宇等[⑤]	以单位价格测度的产品或服务质量对企业市场份额具有正向影响，生产中间产品的企业会采取高质量的竞争策略，而不是价格竞争战略

---

① 赵剑波，史丹，邓洲. 高质量发展的内涵研究 [J]. 经济与管理研究，2019，40（11）.

② 刘咏梅，葛慧中. 存在产品质量差异的全渠道销售策略研究 [J]. 系统工程学报，2019，34（4）.

③ 李佩，魏航，王广永，等. 基于产品质量和服务水平的零售商经营模式选择研究 [J]. 管理工程学报，2020（5）.

④ 朱立龙. 双寡头零售商分销渠道产品质量控制策略研究 [J]. 管理评论，2016，28（10）.

⑤ 康振宇，邱立成，王自锋. 产品质量对出口中间产品市场份额影响研究 [J]. 经济经纬，2017，34（2）.

续表

年份	学者	观点
2017	范建昌等[1]	网红带货要坚持以质量为王的理念，保障推销产品的质量，因为产品质量是增强客户黏性、提高产品销售额的最终决定性因素
2019	范建昌等[2]	产品或服务质量是衡量企业产品好坏的重要标志，关系到企业的兴衰成败，产品或服务质量是企业在竞争中平稳发展的必要条件。只有提高产品质量，才能让企业在市场上立足
2020	江小敏等[3]	一般贸易进口产品质量的提高，不仅提升企业自身的出口附加值率，还能提升其上下游产业的出口附加值率
2020	常钦[4]	农产品电商确保产出高质量的农产品是重要前提，农产品有了特色、保证了质量，才有竞争力
2020	覃雪莲等[5]	提升网络交易商品的质量，既是推进供给侧结构性改革的必然要求，也是促进企业健康、可持续发展的重要前提和保障

大多数学者认为产品质量不仅是企业生产经营活动的核心，也是建设和增强企业品牌价值的基础。对于企业来说，产品质量是建立口碑和品牌的重要基础之一，也是消费者追

---

[1] 范建昌，倪得兵，唐小我. 企业社会责任与供应链产品质量选择及协调契约研究[J]. 管理学报，2017，14（9）.

[2] 范建昌，梁旭晖，倪得兵. 不同渠道权力结构下的供应链企业社会责任与产品质量研究[J]. 管理学报，2019，16（5）.

[3] 江小敏，梁双陆，李宏兵. 进口产品质量的提升促进了我国产业出口升级吗——基于产业关联视角的证据[J]. 国际经贸探索，2020，36（7）.

[4] 常钦. 农产品电商，好质量才有好销量[N]. 人民日报，2020-07-24（018）.

[5] 覃雪莲，刘志学. 供应链物流服务质量研究述评与展望[J]. 管理学报，2020，15（11）.

求产品性价比的重要指标。企业应加强对在线销售产品质量的监管,减少质量安全问题,促进企业健康发展。

2.4.3 质量文化在供应链管理中的作用

在供应链模式下,质量文化是提高企业产品质量最关键的内在因素。随着经济全球化及市场竞争的加剧,供应链经营模式被越来越多的企业采用,企业质量文化的先进性可促使供应链节点企业的经营和质量改进。唐松祥等(2019)[①]强调了在零售商主导下供应链系统的质量控制策略问题。Arash Barfar 等(2017)[②]提出了在信息不对称条件下两级乳品供应链中乳品加工企业与超市的质量控制策略,以及质量协同控制的条件。还有部分学者的研究发现,如表2-7所示。

表2-7 质量文化在供应链管理中的作用

年份	作者	观点
2016	谢广营[③]	建设以"互惠共生"的供应链质量文化,可提升供应链质量管理绩效

---

① 唐松祥,梁工谦,李洁,等.考虑供应商双重公平偏好的供应链质量控制策略[J].系统工程,2019,37(4).

② Arash Barfar, Balaji Padmanabhan, Alan Heyner. Applying Behavioral Economics in Predictive Analytics for B2B Churn: Findings from Service Quality Data [J]. Decision Support Systems, 2017, 6 (6).

③ 谢广营.B2C及C2C网购物流服务质量测量述评:一个概念模型及理论框架[J].管理评论,2016,28(4).

续表

年份	作者	观点
2017	Monique Murfield 等[①]	通过建立质量文化的协调机制可以改善和保持供应链的稳定性，加大跨质量文化培训，减少质量文化冲突，使供应链上节点企业之间相互理解和尊重对方的质量文化
2018	刘学元等[②]	将供应链关系质量分为供应商关系质量和顾客关系质量，提出供应链质量文化对质量管理实践的各个方面起到优化作用

综上所述，从研究内容上看，以质量文化作为供应链节点企业跨文化沟通的基础，打造一种适宜的文化环境，消除供应链中各种文化的摩擦，以此提高供应链管理的整体效率，已逐渐成为所有供应链节点企业所面临的一个共同课题。但是，从整体上看，对质量文化在供应链管理作用的研究仍处于初级阶段，在供应链管理中如何发挥企业质量文化的融合作用，更有效地提高供应链管理的效率还有待进一步深入研究。

2.5 企业绩效的相关研究

大部分学者认为绩效既是组织期望的结果，也是组织实

[①] Monique Murfield, Christopher A Boone, Paige Rutner, et al. Investigating Logistics Service Quality in Omni-channel Retailing. [J] International Journal of Physical Distribution, 2017, 47（4）.

[②] 刘学元，赵倩倩，孙敏. 供应链关系质量对企业质量绩效的影响——供应链领导力的中介效应研究［J］. 工业技术经济，2018，37（9）.

现目标的过程中在不同层面上的有效输出。企业通过电商直播模式可以提高企业的销售额，进而对企业的绩效产生一定的积极作用，本小节主要对有关企业绩效的文献进行梳理。

2.5.1 企业绩效的概念

绩效从汉语字面意义上可以解释为成绩和效益，前者是企业在发展过程中通过营运管理所获得的利润，后者则是指企业在经营过程中所体现出来的获利能力、经营能力、创新能力、可持续发展能力等综合能力的集合。从管理学的角度讲，绩效主要包括产出和效果两个方面。实际完成率、完成及时率、产品合格率、应用率等属于产出；社会效益、商誉、企业影响等属于效果（吾买尔江·艾山等，2020）[①]。企业的经营和管理活动都是围绕提高企业绩效的目标在运行（田立法等，2020）[②]。

企业绩效的概念一直被不断补充和完善。虽然学术界对企业绩效的概念各抒己见，但财政部统计司将企业绩效定义为在一定的经营周期内企业所取得的业绩和获得的收益。企业经营所获得的收益主要从盈利能力、偿债能力、资产营运水平、发展能力等方面体现出来；企业经营所取得的业绩是

[①] 吾买尔江·艾山，郑惠. 商业信用对企业绩效的影响机理——金融关联的 U 形调节作用 [J]. 软科学，2020，34（5）.
[②] 田立法，苏中兴. 竞争驱动战略转型的人力资本视线研究——以天津中小制造业企业为例 [J]. 中国管理科学，2020，28（5）.

指企业所获得的竞争优势，表现为企业在日常生产经营中所取得的成绩和在未来发展中所做出的贡献。

综上所述，企业绩效是企业经营情况的重要表现形式。结合已有研究，本书认为企业绩效是企业在投入一定量的生产要素后，产生的企业经营效益和经营者业绩，包括盈利能力、运营能力、偿还能力和未来发展能力等。

2.5.2 企业绩效的测度

企业绩效是企业经营的最终成果，因此，其一直是学术界和理论界关注的重点，企业绩效测度的研究由此不断被丰富和发展。现有研究中对企业绩效的衡量指标具有不同观点，一是因为影响企业绩效的因素繁多，学者可以从不同思维层次进行划分；二是因为企业绩效是由企业日常经营活动创造出来的，与企业的经营业务息息相关。因此，研究的企业或者行业不同，对企业绩效的衡量指标也会存在差异。

在最初的研究中，企业绩效的衡量指标是以狭义会计为基础的相关会计指标，后来发展到以广义会计基础与市场基础计量的指标（管弋铭等，2020）[1]。现在企业绩效的衡量指标已经扩展至营运、盈利及管理等方面。卢映西和宋梦瑶（2020）[2]

---

[1] 管弋铭，范从来，张淦. 企业杠杆率、中长期信贷与企业绩效 [J]. 会计与经济研究，2020，34（3）.

[2] 卢映西，宋梦瑶. 经济学研究要注意避免幸存者偏差因素的影响——以企业绩效和利润率下降规律研究为例 [J]. 当代经济研究，2020（6）.

在研究网络营销模式对企业绩效的影响中提出了企业绩效的八个测量维度，即竞争效果、营销效果、财务效果、网络广告推广效果、社会公众效果、服务效果、网站设计效果、网站推广效果，这八个维度可以归纳为财务和市场两个方面。李曜和谷文臣（2020）[①]在研究电子商务企业绩效的结果时，将企业绩效划分为销售额的平均增长幅度、总体市场的竞争力、利润目标的完成情况、总资产税前的平均利润率这四个维度，同样可以归纳为财务和市场两个方面。任菲等（2012）[②]在研究网站表现对企业绩效的影响时，将企业绩效分为销售收入和市净率，这两个指标也是财务和市场角度的指标。本书研究的对象是电商直播模式，与这三项研究背景类似，因此，本书将企业绩效分为财务绩效和市场绩效进行测量。

2.5.3 企业绩效管理对企业的作用

经济环境多变，行业竞争加剧，发展趋势日益复杂，管理难度也随之加大，因此，每个企业都应该利用更加科学、有效的绩效管理模式来提升管理水平，满足企业可持续发展的需求，使企业战略与企业绩效管理更好融合，更好地落实

---

① 李曜, 谷文臣. 债转股的财富效应和企业绩效变化[J]. 财经研究, 2020, 46（7）.
② 任菲, 罗华伟, 奚红华. 网站表现影响企业绩效的实证研究[J]. 南京大学学报（哲学·人文科学·社会科学版）, 2012, 49（1）.

企业的战略构想（贡文伟等，2020）[1]。有不少学者也强调了企业绩效管理对企业的作用，如表 2-8 所示。

表 2-8 企业绩效管理对企业的作用

年份	学者	观点
2019	郭晓川等[2]	绩效管理可节约管理成本
	李露[3]	绩效管理可激发员工的主观能动性，提高效率，从而提升组织效益
2020	贺新闻等[4]	绩效管理对管理效能的提高发挥了重要作用
	李小玉等[5]	有效的绩效管理能激发创新创造
	邓新明等[6]	绩效管理能激活员工的潜能，提高企业的管理水平
	杨艳等[7]	绩效管理能得到消费者的普遍认可，进一步保证企业的利润
	吴晓云等[8]	绩效管理能帮助企业获得持续性发展，加强企业内部管理

[1] 贡文伟，袁煜，朱雪春.联盟网络、探索式创新与企业绩效——冗余资源的调节作用[J].软科学，2020（1）.

[2] 郭晓川，潘雨瑶，杜雅茹.新技术融合、动态能力与资源型企业绩效研究[J].科学管理研究，2019，37（6）.

[3] 李露.基于 ANP 法的科技企业创新绩效评价研究[J].科学管理研究，2019，34（5）.

[4] 贺新闻，王艳，伦博颜.高管团队性别多元化对创新型企业绩效影响机制研究——基于技术密集度的视角[J].科学管理研究，2020，38（1）.

[5] 李小玉，薛有志，周杰.CEO 关联、内部治理与企业绩效[J].管理科学，2020，30（5）.

[6] 邓新明，张婷，王惠子.政治关联、多点接触与企业绩效——市场互换性的调节作用[J].管理科学，2020，29（6）.

[7] 杨艳，景奉杰.新创小微企业营销绩效研究：顾客合法性感知视角[J].管理科学，2020，29（2）.

[8] 吴晓云，张欣妍.企业能力、技术创新和价值网络合作创新与企业绩效[J].管理科学，2020，28（6）.

续表

年份	学者	观点
2020	朱浩等[①]	绩效管理能帮助企业获取优势，突破发展困局，在企业内部发力，控制人力资源总成本，提升人力资源效率
	刘维奇等[②]	绩效管理体系的建立可以帮助企业确定发展目标和发展方向，也能通过一定目标体系的建立和完善帮助员工实现自身价值的最大化

综上所述，企业绩效管理对企业的作用体现在多个方面。李林木等（2020）[③]在分析企业绩效管理对企业的作用基础上，提出主要体现在三个方面：一是有利于企业战略规划和市场竞争战略目标的实现；二是有利于持续促进组织绩效和个人绩效的提升；三是有利于企业实现资源合理配置（肖建华和王若凡，2020）[④]。

2.5.4 企业绩效管理在销售中的应用研究

随着市场竞争日益激烈和客户需求的提高，销售已成为企业实现企业战略目标并赖以生存和发展的重要环节。企业

[①] 朱浩，李林，魏琪."繁荣"的专利申请能否改善企业绩效——基于不同创新导向的门限实证研究［J］.软科学，2020（1）.

[②] 刘维奇，张燕.外部薪酬攀比与企业绩效——基于管理层和普通员工双视角［J］.中国软科学，2020（5）.

[③] 李林木，于海峰，汪冲，等.赏罚机制、税收遵从与企业绩效——基于纳税信用管理制度的研究［J］.经济研究，2020，55（6）.

[④] 肖建华，王若凡.科研组织应该控制其衍生企业吗——基于中国上市科研组织衍生企业的研究［J］.科技进步与对策，2020（5）.

绩效大部分直接源于销售人员的业绩,只有通过销售人员把研发并生产出来的产品或服务卖出去,才算完成了一个完整的企业市场交易活动。因此,销售人员的绩效管理是企业绩效管理的应用,如表2-9所示。

表2-9 绩效管理应用于营销的研究

年份	学者	观点
2016	赵曙明等[1]	从用户关系管理出发,结合绩效管理的相关理论和销售人员的绩效管理实践,提出绩效管理模式的改进建议:一是提出了绩效指标,包括结果绩效指标和销售过程指标;二是根据定义绩效标准的原则,确定了销售人员结果绩效指标和过程绩效指标的标准
	张振刚等[2]	针对销售人员绩效管理的主要问题,应用战略管理、营销管理和绩效管理等基本理论,从公司的战略出发,提出构建销售人员绩效管理战略;从营销策略出发,提出绩效管理目标;从激励机制出发,提出一整套评估销售人员绩效管理的体系
	吴怀军[3]	运用KPI(关键绩效指标)考评法和360度考评法相结合的绩效考评方法为企业的销售人员制订了一套绩效管理方案

---

[1] 赵曙明,席猛,蒋春燕.人力资源管理重要性与能力对企业雇佣关系模式选择的影响[J].经济管理,2016,38(4).

[2] 张振刚,李云健,李莉.企业慈善捐赠、科技资源获取与创新绩效关系研究——基于企业与政府的资源交换视角[J].南开管理评论,2016,19(3).

[3] 吴怀军.高管薪酬视角下混合所有制对企业绩效的影响[J].社会科学家,2016(11).

续表

年份	学者	观点
2016	高维和陈转青[①]	基于目标管理和平衡计分卡对销售绩效管理的指标体系进行重新的设计
2016	和苏超等[②]	根据公司的战略目标和KPI绩效考核法，应用SMART原则（目标管理原则）选择合适的绩效指标，优化销售绩效评价体系
2017	牛似虎等[③]	从绩效计划、辅导、考核和反馈等方面提出了完整的绩效管理体系优化方案。同时，提出了把绩效任务下达和绩效奖金分配作为销售人员管理的"利剑"，制订切实可行的绩效计划制订流程和绩效奖金二次分配方案
2020	陶克涛等[④]	运用平衡记分卡的思想和KPI的技术方法重新设计绩效管理方案

综上所述，关键绩效指标（KPI）是大多数学者认同的销售绩效管理设计方法。销售层面的绩效管理都是基于绩效管理理论，服务于企业绩效的总体目标，针对销售部门的实际情况和问题提出的绩效管理方式。绩效管理在销售中应用的最终目的是促进企业绩效的提高。

[①] 高维，陈转青. 绿色采购治理与绩效——企业战略驱动效应与客户认知调节作用[J]. 经济管理，2016，38（4）.

[②] 和苏超，黄旭，陈青. 管理者环境认知能够提升企业绩效吗——前瞻型环境战略的中介作用与商业环境不确定性的调节作用[J]. 南开管理评论，2016，19（6）.

[③] 牛似虎，方继华，苏明政. 基于供应链金融的中小企业绩效评价与实证[J]. 统计与决策，2017（1）.

[④] 陶克涛，郭欣宇，孙娜. 绿色治理视域下的企业环境信息披露与企业绩效关系研究——基于中国67家重污染上市公司的证据[J]. 中国软科学，2020（2）.

2.5.5 价值链对企业绩效的作用

在当前激烈的市场竞争环境下，分工化程度越来越高，企业任何步骤的运行都脱离不了价值链。所以，在对企业绩效进行评价的时候，必须要将企业放到整个行业的价值链中开展评价，这样才能够完善企业绩效的核心内容，提高企业绩效评价的准确性。杨皖苏等（2015）[1]认为，价值链突破了原有管理会计的束缚，将管理会计的边界从单一企业拓展到了价值链，在价值链中企业绩效评价指标更契合企业实践的路径。闫华红等（2016）[2]认为，应从价值链的角度构建企业绩效评价体系。价值链对企业绩效的作用表现在改变绩效评价体系，有些学者针对价值链也提出了新的企业绩效评价指标方案，如表 2-10 所示。

表 2-10 价值链在企业绩效评价指标中的研究

年份	学者	观点
2017	芦锋等[3]	以现有的绩效评价体系为基础，将绩效管理评价体系的范围扩大到企业所处的整条价值链，从价值链运作的视角对企业进行绩效评价，主要涉及与企业密切相关的供应商、销售商、客户、竞争者等

---

[1] 杨皖苏，杨善林. 中外企业不同推崇策略对企业绩效影响的实证研究[J]. 中国软科学，2015（4）.

[2] 闫华红，吴启富，毕洁. 基于碳排放价值链的企业绩效评价体系的构建与应用[J]. 审计研究，2016（6）.

[3] 芦锋，赵雯雯. 过桥融资对创业板企业绩效的异质门槛效应研究[J]. 中国软科学，2017（6）.

续表

年份	学者	观点
2018	马文甲等[1]	在进行基于价值链会计企业绩效评价体系构建过程中，需要对反映整个价值链联盟运营情况的关键指标进行设置。在纵向价值链评价指标体系设计方面，需要对供应商和顾客的相关方面及其与整个价值链的协作绩效进行评价；在横向价值链评价指标体系设计方面，需要考虑到竞争对手的数量、同业之间的竞争强度、市场份额问题，还需要考虑到企业之间的合作能力；从内部价值链评价的角度来看，要从财务指标方面和非财务指标方面分别考虑
2019	王德胜等[2]	开展企业绩效价值链评价，首先要优化企业的业务流程，删掉无用环节，增强、增进企业核心竞争力环节，重构一个有效率的业务流程完成绩效评价；其次要紧紧围绕价值链的增值环节，分析价值链增值的影响因素，从财务指标和非财务指标两个方面进行有效评价
	周宇倩和朱芬芬[3]	从绿色价值链的视角入手，构建企业绩效评价模型。从盈利能力、营运能力、偿债能力等角度，构建财务绩效指标反映企业的经济价值；从人员、社会和国家等主体角度，构建社会绩效指标来反映企业的社会价值；从环境与资源、环保投资和绿色公益等社会责任角度，构建绿色绩效指标反映企业的生态价值

事实上，价值链对企业绩效的提高也有促进作用。江三

---

[1] 马文甲，张琳琳，巩丽娟. 外向型开放式创新导向与模式的匹配对企业绩效的影响[J]. 中国软科学，2018（2）.

[2] 王德胜，辛杰，吴创. 战略导向、两栖创新与企业绩效[J]. 中国软科学，2019（2）.

[3] 周宇倩，朱芬芬. 基于绿色价值链的企业绩效评价体系构建研究[J]. 江苏商论，2019（12）.

良和张晨（2020）[①]也认同这一观点，并提出了企业嵌入价值网络共生系统有利于其创新绩效的提升。孟华和朱其忠（2020）[②]对此进行了深入的研究，提出价值网络共生通过企业能力对企业绩效产生影响。

综上所述，企业通过价值链的视角开展企业绩效的管理，不仅有助于提高企业的管理水平，提高企业绩效，也为企业绩效的评价开辟了一个崭新的方向。

2.6 变量的作用机理

本小节在基于理论、应用等方面对本书研究变量的相关文献进行总结与梳理的基础上，进一步研究电商直播模式、用户体验、质量文化和企业绩效各变量之间的作用机理。

2.6.1 电商直播对用户体验的作用

基于电商直播自变量的测度研究，本书将电商直播划分为网红带货与平台直播两个维度。本小节主要从这两个维度研究它们与用户体验之间的关系。

（1）网红带货与用户体验关系的研究。

网红即网络红人，通常是指借助各种互联网媒介（社交平台、视频平台等）表现出具有鲜明而独特的个性魅力及强大的

[①] 江三良，张晨. 企业家精神、产业政策与企业绩效——来自沪深A股制造业上市公司的证据 [J]. 南京审计大学学报，2020，17（4）.

[②] 孟华，朱其忠. 价值网络共生对企业绩效的影响研究：一个有调节的中介模型 [J]. 科技管理研究，2020，40（3）.

网络互动能力的自然人。因此，网红也不仅局限于颜值高，主要是指在时尚、游戏、摄影、美食、财经等领域拥有大量粉丝而走红的人。网红带货是伴随着社交平台的成熟而产生的新型营销模式——通过网红来带动消费者进行定向货物消费，这种模式能为企业大幅度提高创收，近而提高企业绩效。本书对网红带货与用户体验的关系进行整理，如表2-11所示。

表2-11 网红带货与用户体验关系研究

年份	作者	观点
1996	Dacin[1]	拥有高度专业知识的人对产品更了解，善于提高用户的体验
1996	Alben 和 Lauralee[2]	网红在信息的交流过程中，可以根据用户的反应实时地改变沟通内容，提高用户的购买体验
1997	William Stephenson[3]	网红和用户互动能促进用户更好地体验产品的内容与价值
2000	Voyer 等[4]	用户在采集购买意见时，更愿意从专家方而不是非专家方去获取建议，也更容易受到专家方的意见影响，这也意味着专家们的观点和建议能够在很大程度上影响消费者的购买体验

[1] Peter A Dacin. The Assessment of Alternative Measures of Consumer Expertise [J]. Journal of Consumer Research, 1996, 23 (3).

[2] Alben, Lauralee. Quality of Experience: Defining the Criteria for Effective Intertaction Design [J]. Interactions, 1996 (5).

[3] William Stephenson.The Play Theory of Mass Communication [J]. The University of Chicago Press, 1997 (9).

[4] Daniel Voyer, Carla Nolan, Susan Voyer. The Relation Between Experience and Spatial Performance in Men and Women [J]. Sex Roles, 2000, 43 (12).

续表

年份	作者	观点
2004	Sweeney[1]	意见领袖的专业性对粉丝具有较强的影响作用，在口碑影响上，当意见领袖的信息来源更为专业时，其对消费体验的影响效果更显著
2006	Marc Hassenzahl 等[2]	互动所带来的体验效果往往强于传统的网络营销体验
2017	成也和王锐[3]	网红被大众接受和认可的一个最重要的途径就是与他人的交流和互动，这能影响用户对产品的整体感受
2020	Thuy Tran[4]	电商网红善于影响用户体验并提高用户重复购买产品的欲望
2020	Bansal 等[5]	当用户感知到社区成员与自己在兴趣爱好、风格和品位方面的匹配程度高时，形成的社会互动关系能提高用户的购买体验

（2）直播平台与用户体验关系的研究。

直播模式的一个重要维度就是直播平台，这是因为电商

---

[1] Sweeney E J. Using Community Resources [J]. The Junior High Clearing House (1928—1929), 2004, 3 (2).

[2] Marc Hassenzahl, Noam Tractinsky. User Experience–a Research Agenda [J]. Behaviour and Information Technology, 2006 (2).

[3] 成也, 王锐. 网络直播平台的治理机制——基于双边平台视角的案例研究 [J]. 管理案例研究与评论, 2017, 10 (4).

[4] Thuy Tran. Managing the Effectiveness of E-commerce Platforms in a Pandemic [J]. Journal of Retailing and Consumer Services, 2020 (58).

[5] Bansal Akshi, Kanathur Shilpa, Prasad Harish. A Novel Point of Care Technique to Improve Graft Uptake in Melanocyte-keratinocyte Transplantation Procedure for Vitiligo of Contoured Areas Like External Ear [J]. Journal of the American Academy of Dermatology, 2020 (6).

直播产业需要平台的支撑，网红主播需要在平台上进行产品推广。直播平台也叫网络直播平台，主要是通过网络技术为人们提供在网站或者客户端实时观看视频直播的网络服务平台。也就是说，网络直播从表现形式的角度来看，就是主播借助于直播平台，向观众传播、分享与营销产品，在而观众通过发表评论和弹幕的方式与主播进行实时的互动交流。在网络直播中观众可以直接发表并展示自己的看法与意见，现场感与体验更佳。

从用户体验的效果来看，在直播平台模式下，用户可以有选择地让信任的主播推荐所需要的产品，以此满足自身的体验需求。Peter（2020）[1]认为，移动网络直播平台的出现在一定程度上提升了消费者的用户体验。比如，消费者可以更加便捷、直接地与商家沟通，可以在视频直播中看到商家对产品的现场试用，在线直播让消费者更加真实地掌握产品的功能及外观，有助于增加消费者的品牌黏性，这是其他传播方式所不能达到的。范小军等（2019）[2]认为，随着网络直播平台的不断发展，高额的运营成本成为直播平台需要解决的难题。对此，文悦等（2019）[3]认为，电商直播平台的普及离

---

[1] Peter. E-commerce Company and Pet Specialists, Petmemoir, Offers Tips for Working from Home with Pets [J]. M2 Presswire, 2020（9）.

[2] 范小军，蒋欣羽，倪蓉蓉，等. 移动视频直播的互动性对持续使用意愿的影响 [J]. 系统管理学报，2020，29（1）.

[3] 文悦，王勇，段玉兰，等. 基于渠道接受差异和权力结构差异的电商平台自营影响研究 [J]. 管理学报，2019，16（4）.

不开云技术的支撑和发展，可从技术上提高用户体验的满意度，从而实现电商直播的普及。例如，除淘宝公司有集团内部的阿里云技术的支撑外，其他电商平台想要运营"直播+电商"的营销模式，必须像蘑菇街与腾讯云的携手一样，加强和云技术服务公司的合作。

综上所述，电商直播模式的出现有助于提高用户体验，以及培养用户黏性。在未来，直播行业将会涉及人们生活的方方面面，也会让企业向着稳定、健康的方向发展。

2.6.2 电商直播对企业绩效的作用

随着科技的发展，各类企业为了增加经营效益，纷纷发挥网络优势，通过线上、线下联动，打通渠道及存货，为顾客提供独特的购物体验，把电商直播模式作为企业破困境、快复苏、促发展的重要措施之一。在数字经济时代，电商直播作为一种新型且占据重要地位的营销模式，对企业的影响逐渐受到众多企业管理者与学者的关注。然而，现有研究中较少涉及电商直播，也缺乏电商直播对企业绩效的影响机理与影响效果研究。研究电商直播对企业绩效的作用机理便是本书的主要内容。具体来说，电商直播对企业绩效的作用包括网红带货和平台直播两个层面。它们的作用主要体现在以下几个方面。

（1）网红带货对企业绩效的作用。

在直播带货中，网红主播不仅可以直接与品牌方建立合作，从而得到具有竞争力的价格，网红自身的带货能力还能快速提升销售额（张小强等，2020）[①]。在网红带货这一方式中，粉丝的价值被深度挖掘，销售的效果远优于线下的广告代言。

（2）平台直播对企业绩效的作用。

传统电商平台在用户黏性和时长方面明显低于内容流量和社交平台。而在引入高时间消耗的直播购物形式后，电商平台就被注入了一定的内容属性，从而使消费者在平台停留的时间更长，有助于交易的实现。平台直播通过主播吸引、性价比高的货品，使普通消费者逐渐成为粉丝，从而对其进行深度运营，提升用户黏性，提高商品的转化率，实现营销绩效的快速增长（邓燕玲等，2020）[②]。和零售终端相比，直播电商的供应链层级明显较少，经常是直接对接品牌与大的经销商，即使利润率不高，商家依旧可以获利。

综上所述，企业可以利用网红带货和平台直播，以高性价比的工厂直供、品质直销为核心主题，借助大数据分析达到精准营销，实现企业转型升级和绩效的高效增长。

[①] 张小强，李双. 网红直播带货：身体、消费与媒介关系在技术平台的多维度重构 [J]. 中国软科学，2020（6）.

[②] 邓燕玲，高贵武. 直播带货带来了什么——网络直播带货的机遇与思考 [J]. 中国软科学，2020（7）.

2.6.3 用户体验与企业绩效的关系

学术界关于"用户体验与企业绩效关系"的内容已经达成共识，但由于用户体验效益的多样性，关于用户体验和企业绩效作用过程的研究各不相同，如表2-12所示。

表 2-12 用户体验和企业绩效作用过程的研究

年份	学者	观点
2020	赵宇晴、阮平南和刘晓燕等[1]	拥有舒适的在线体验的公司能够获得更高的用户满意度，从而对企业绩效产生正面影响
	Frost 和 Sullivan[2]	提高用户体验的最终结果是提高用户的忠诚度、实现用户数量的增长，从而对企业绩效产生正面影响
	Wided Batat[3]	提高用户体验能够增加消费者购买动机，进而提升企业绩效

此外，用户体验也影响着商业模式，成为商业模式创新的新方向。注重用户体验逐渐成为商业模式的特点，能够帮助企业加速产品的迭代升级、拓宽企业的业务范围、提高企业的盈利能力，最终实现企业绩效目标（周围，2019）[4]。

---

[1] 赵宇晴，阮平南，刘晓燕，等. 基于在线评论的用户满意度评价研究 [J]. 管理评论，2020，32（3）.

[2] Frost, Sullivan. Customer Experience Outsourcers Launch Intelligent and Self-service Options to Improve Business Outcomes in Europe [J]. Medical Letter on the CDC & FDA, 2020（5）.

[3] Wided Batat. Experiential Marketing: Case Studies in Customer Experience [M]. Abingdon: Taylor and Francis, 2020.

[4] 周围. "互联网+"商业模式保护路径初探 [J]. 中国管理科学，2019（9）.

用户体验对社会生态也有影响。用户体验对企业绩效的作用分成两部分，一部分直接影响企业绩效；另一部分对社会生态产生影响，使企业在社会上形成良好的企业形象和产品口碑，影响用户的消费心理，进而提高企业的绩效。

从整体来看，现有的研究也多是赞同用户体验对企业绩效的正向促进作用。因此，企业需要不断加强用户体验方面的建设，这是提高绩效的重要途径。

2.6.4 质量文化对电商直播、用户体验的作用

本书以质量文化作为调节变量，主要调节电商直播与用户体验之间的关系，以及用户体验与企业绩效之间的关系。以下是变量间的相互关系的梳理。

（1）质量文化在电商直播与用户体验之间的调节作用。

在电子商务快速发展的背景下，产品质量、服务质量和物流能力等是提高直播中用户体验和满意度的先决条件。消费者在对产品质量、服务质量和物流能力的需求更强时，也对企业的质量文化要求越来越高。现在企业质量文化对电商直播与用户体验之间关系的影响已逐渐得到了较为广泛的研究，企业质量文化的提高对电商直播与用户体验之间的关系具有一定的影响，不同的学者从不同的角度出发进行了相应的研究。

万晓榆等（2018）[①]指出，在云技术环境下，垂直型 B2C

---

① 万晓榆，王荦亦，吴继飞，等. 电商平台销量信息对消费者注意力及产品选择的影响[J]. 管理学报，2018，15（6）.

电子商务平台的系统质量直接正向调节电商直播对用户在平台上购买和操作体验的影响；系统质量是通过信息质量的中介效应间接影响这一过程的。Tsao 等（2016）[1]针对在线购物网站，发现企业质量文化通过网站品牌资产对电商直播影响用户体验这一过程具有正向调节作用。还有部分学者的研究，如表 2-13 所示。

表 2-13　质量文化在电商直播与用户体验之间的调节作用研究

年份	学者	观点
2017	Hsieh 等[2]	系统质量、信息质量和电子服务质量对电商直播影响用户体验的调节作用
	孙晓枫等[3]	企业质量文化通过诚信对消费者信任有着间接影响，进而调节电商直播对用户体验的影响
2020	Adyl Aliekperov[4]	在线用户对企业质量的感知将会对直播过程中产生的体验造成影响

综上所述，从各个学者的论述上，可发现质量文化对电商直播与用户体验之间的关系具有一定的影响。因此，企业在通

---

[1] Tsao W C, Tseng Y L. The Impact of Electronic-service Quality on Online Shopping Behaviour [J]. Total Quality Management & Business Excellence, 2016, 22（9）.

[2] Hsieh M T, Tsao W C. Reducing Perceived Online Shopping Risk to Enhance Loyalty: A Website Quality Perspective [J]. Journal of Risk Research, 2017, 17（2）.

[3] 孙晓枫，赵新军，钟莹. 基于技术进化定律的用户体验设计模型研究 [J]. 工业技术经济，2017，36（10）.

[4] Adyl Aliekperov. The Customer Experience Model [M]. Abingdon: Taylor and Francis, 2020.

过直播提高用户体验的过程中,质量文化发挥着重要作用。

(2)质量文化在用户体验与企业绩效之间的调节作用。

企业的质量文化是企业以质量为目标,倡导的是通过员工主观上的质量意识来减少质量问题。质量文化是企业经过长期经营积累而形成的,它对用户体验与企业绩效的关系存在重要影响。关于质量文化对用户体验与企业绩效关系的影响研究也逐渐深入。

Sarah J.Wu(2015)[①]探讨了质量文化是如何影响企业绩效的,认为质量文化的本质是信念和价值观,在营销活动中对用户体验与企业绩效的关系有促进作用。事实上,质量文化对企业质量的投入与产出均具有明显的正向影响。质量文化对企业质量的投入与产出的这种双重提升,可能正向调节用户体验与企业利润之间的关系,也就是改善用户体验、提高企业的利润。还有部分学者的研究,如表 2-14 所示。

表 2-14 质量文化与企业绩效关系的研究

年份	学者	观点
2015	罗国英[②]	优秀的质量文化能够引导企业走质量经营道路,促进用户体验对企业经营绩效的正向影响,是企业重要的软实力

[①] Sarah J Wu. The Impact of Quality Culture on Quality Management Practices and Performance in Chinese Manufacturing Firms [J]. International Journal of Quality & Reliability Management, 2015, 32(8).

[②] 罗国英. 质量文化概述 [J]. 中国质量, 2015(10).

续表

年份	学者	观点
2015	王少杰[①]	企业质量文化主要通过品牌知名度、成本控制、市场占有率、社区关系来改变用户体验与企业绩效的关系
2019	林叶[②]	质量文化改进的最终目标为：促进用户体验对经营绩效的提升效果，主要体现在过程绩效和结果绩效两方面
2019	陈旭茹[③]	从企业长期发展目标的角度出发，探讨了质量文化对用户体验与绩效之间关系的影响，结果表明质量文化对用户体验与绩效之间的关系具有促进作用

目前，企业的竞争从产品质量与服务质量逐渐上升到更高端的质量文化的竞争，越来越多的企业希望加强质量文化的建设，以此塑造企业的质量形象，从而提高消费者对产品的体验与信赖，并提高用户体验对经营绩效水平的影响程度。消费者在购买产品与服务时，对品质生活和高质量产品的需求越来越大，对企业质量要求越来越高。对此，企业需要提供具有差异化的、高品质的产品与服务，而质量文化成为企业在激烈的市场竞争中赢得用户好感、提高市场占有率和保持用户忠诚度的重要文化支撑，质量文化对用户体验与企业绩效的关系有显著的调节效果。

[①] 王少杰. 企业文化演化路径及对绩效影响的实地研究——基于工商人类学视角的分析 [J]. 山西财经大学学报，2015，37（7）.

[②] 林叶. 企业质量文化成熟度测评体系研究 [J]. 管理评论，2019（2）.

[③] 陈旭茹. 企业文化与组织绩效的关系研究 [J]. 中国管理科学，2019（33）.

综上所述，企业质量文化的作用受到了越来越多人的重视。国内外学者从不同的角度出发，研究质量文化对用户体验与企业绩效间关系的影响，结果表明，质量文化对用户体验与企业绩效的关系有显著的调节效果。企业为什么存在？就是为了给消费者提供有价值的产品与服务，而质量文化的核心就是追求高质量的产品与服务。只有保证了产品质量，才能为用户创造价值，才能不断满足用户的需求，并提高用户体验和企业绩效，企业才能得以长期存在和发展。

2.6.5 平台技术与企业绩效的关系

随着各大传统电商平台进入直播行业，各类新型电商直播平台的涌现，电商直播的风口已经到来，网络直播平台技术的升级是电商直播兴起的重要条件之一。要保证直播的内容及产品的各方面介绍得以实时传输，平台技术在其中发挥着重要作用（李梦雅和严太华，2020）[1]。良好的平台技术将用户端和企业端连接在一起，保证直播内容的不失真、不延迟和连续性。

当然，平台技术的好坏与企业绩效也存在一定的关系，部分学者对其进行了相应的研究。吴绍玉等（2016）[2] 主要探究

---

[1] 李梦雅，严太华. 风险投资、技术创新与企业绩效：影响机制及其实证检验 [J]. 科研管理，2020，41（7）.

[2] 吴绍玉，汪波，李晓燕，等. 双重社会网络嵌入对海归创业企业技术创新绩效的影响研究 [J]. 科学学与科学技术管理，2016，37（10）.

了平台技术的相容性对企业绩效的影响，发现企业在运用电子商务时，其内部信息系统很难与外部系统融合。杨张博和高山行（2015）[1]认为企业环境的IT技术成熟度对企业绩效产生正向影响。金永生等（2017）[2]认为掌握最新、最先进的直播技术就能够引领电商直播的未来，平台技术将直播与电商结合起来，能增加消费转化率。王昌林（2018）[3]认为电商平台应加强对平台技术的开发，如增加直播搜索引擎，让用户快捷地找到自己心仪的主播或直播内容，提高用户的满意度和企业绩效。还有一些学者的研究结果，如表2-15所示。

表2-15 平台技术与企业绩效关系的研究

年份	学者	观点
2017	佘茂艳等[4]	平台技术影响平台双方总体的用户规模，进而影响了平台的价格策略和企业绩效
	刘维奇和张苏[5]	当技术较低的平台进行平台技术创新时，将增加其两边的用户规模和平台利润，提高其在市场中的竞争力和绩效

---

[1] 杨张博，高山行. 基于文本挖掘和语义网络方法的战略导向交互现象研究——以生物技术企业为例[J]. 科学学与科学技术管理，2015，36（1）.

[2] 金永生，季桓永，许冠南. 互动导向对企业绩效有多重要——基于模糊集的定性比较分析[J]. 经济经纬，2017，34（2）.

[3] 王昌林. 创新网络与企业技术创新动态能力的协同演进——基于系统动力学的分析[J]. 科技管理研究，2018，38（21）.

[4] 佘茂艳，王元地，张莉. 区域技术网络特征对企业绩效的影响[J]. 软科学，2017，31（5）.

[5] 刘维奇，张苏. 双边平台兼并策略下的定价问题分析[J]. 中国管理科学，2017，25（5）.

续表

年份	学者	观点
2019	王永贵和刘菲[1]	平台技术帮助企业收集和管理顾客的信息，对信息获取的效率和质量有重要影响，进而影响企业的经营管理和绩效
2020	Daniel Tish、Nathan King 和 Nicholas Cote[2]	平台的技术特征（主要包括正在应用的电子商务技术、面向客户的前向功能、后向整合企业内外部资源的能力）正向影响企业绩效

综上所述，有很多文献认为平台技术支持对电子商务的绩效有影响，也认为平台技术对企业的服务质量、互动响应能力、用户规模和购买意愿都能够产生一定程度上的影响。通过平台技术的提升，企业能更有效地为顾客提供所需的服务和产品，提高顾客的满意度和信任度，进而提高企业在市场中的占有率及绩效。

2.7 综合评述

电商直播是"电商平台+直播功能"的销售模式，这种精准式的营销特别注重与消费者建立社交关系并维护好二者的关系，这种优化了的消费体验模式是传统电子商务的一种

---

[1] 王永贵，刘菲. 网络中心性对企业绩效的影响研究——创新关联、政治关联和技术不确定性的调节效应 [J]. 经济与管理研究，2019，40（5）.

[2] Daniel Tish, Nathan King, Nicholas Cote. Highly Accessible Platform Technologies for Vision-guided, Closed-loop Robotic Assembly of Unitized Enclosure Systems [J]. Construction Robotics, 2020, 4（2）.

新式的转型。因此，传统企业可以利用电商直播这种营销方式进行转型升级，最终达到提高企业绩效的目的。

通过文献综述发现，现有的研究成果主要有以下几点。

一是电商直播。电商直播是"电商平台+直播功能"的网络营销新模式。网红带货对用户体验的影响研究主要是从网红特性出发进行分析，网红借助于社交平台与粉丝互动，在释放价值的同时提供体验。现有研究表明，不论是从直播平台的用户规模还是用户体验效果来看，电商直播模式的出现都有助于提高用户体验及培养用户黏性。所以，本书从网红带货与平台直播两个维度对自变量电商模式进行研究与测量。

二是用户体验。用户体验是指在网络营销中，用户在购物过程中建立起来的一种主观心理感受。有学者认为将用户体验应用于销售中，能改变零售模式，促销广告形式、商业模式，以及销售活动中人工智能技术的应用。而对于用户体验的提高，现有研究指出，企业可以通过供应链整合来确保产品质量和供应速度，继而达到提高用户体验的目的。因此，用户体验不仅能直接促进企业绩效的改善，还能影响社会生态，通过社会上的企业形象和产品口碑间接促进企业绩效的增长。

三是质量文化。质量文化是企业文化的核心，主要包括企业在生产经营活动中所形成的质量理念。大多数学者认为产品质量对企业可持续发展至关重要，产品质量是企业经营、建设品牌的基础，也是消费者追求用户体验的重要指标。从众多学者的论述中可以发现，质量文化对电商直播模式与用户体验之间的关系、用户体验与企业绩效之间的关系存在一定的调节作用。

四是企业绩效。企业绩效是企业在投入一定量的生产要素后产生的全部效益和业绩。大多数研究认为企业绩效管理能帮助企业实现战略目标、合理配置资源及提升绩效等。销售是企业绩效的主要来源，诸多学者也将绩效管理应用于销售中，其中，广被学者认同的绩效管理优化方法就是平衡记分卡的思想和关键绩效指标法。此外，许多学者从价值链的视角思考企业绩效，认为价值链能够实现企业及其利益相关者的价值最大化，帮助企业应对日益复杂的行业竞争。

本书主要研究的空白点则是以下几个方面。

一是网红带货和平台直播等电商直播模式的测度研究较为缺乏，网红带货和平台直播的测度需要得到完善。

二是数据链、供应链、价值链、技术链等链条上的节点企业都在以质量文化作为跨文化沟通的基础，以期借此消除供应链中各种文化的摩擦，提高供应链管理的整体效率，但是在这一方面还有待进一步深入研究。

三是很多学者认为数字技术创新应用有利于电子商务绩效的改善，能够助力绩效管理在销售中的效益，但目前针对数字技术创新应用如何放大电商直播功效、提高企业绩效的研究较为缺乏，有待补充"数字技术的创新应用→数据的价值创造→直播带货的商业模式→用户体验的升级→企业绩效的提升"的商业逻辑论证。

2.8 本章小结

本章是基于相关理论与主要研究变量进行的文献梳理。首先，在相关理论基础部分，本章从数字经济相关理论、产业生态系统理论、交易成本理论和网络营销理论进行研究综述。其次，通过对相关变量的文献综述，梳理了电商直播模式的相关研究是基于基础理论来分析电商直播概念、维度测量，以及电商直播的兴起对企业的作用。用户体验的相关研究主要是从用户体验的概念、测度，以及用户体验在销售中的应用研究、供应链对用户体验的作用、用户体验对企业绩效的作用来分析。质量文化相关研究的内容包括质量文化的概念、产品质量对企业的作用及质量文化在供应链管理中的作用。企业绩效的相关研究主要是分析企业绩效的概念、测度、绩效管理对企业的作用、绩效管理在销售中的应用研究及价值链对企业绩效的作用。最后是变量的作用机理与综合评述。在对相关文献进行总结的基础上，进一步分析自变量电商直播、中介变量用户体验、调节变量质量文化、因变量企业绩效及控制变量平台技术之间的作用关系，并对研究成果和研究空白点进行了分析。

第 3 章

研究假设与研究设计

首先，本章在前人研究的基础上，根据电商直播模式、用户体验、企业绩效、质量文化四个变量的测量维度进行量表的设计和开发。其次，为深入研究在数字经济背景下电商直播模式对企业绩效的影响机理，分析模型构建的理论基础，即 S-O-R 理论，在理论分析的基础上沿着电商直播模式→用户体验→企业绩效的逻辑思路，深入分析变量之间的内在作用机理，总结和提炼出研究假设。最后，在量表和假设的基础上进一步明确调查对象及目的，精心设计研究模型。

3.1 变量界定与维度划分

在对电商直播模式、用户体验、质量文化与企业绩效相关文献进行整理和分析的基础上，对上述变量的概念进行界定和维度的划分，有利于清晰地理解电商直播模式和企业绩效的内在机理，为后续整体模型的建立奠定基础。

3.1.1 电商直播模式界定与维度划分

随着电商网络直播模式的应用范围不断扩大，电商直播的形式逐渐成为我们生活中越来越重要的组成部分（张夏恒和陈怡欣，2019）[①]，我们生活中的点点滴滴都可以成为直播节目的尝试，网络直播也开始进行了"直播+"的尝试，如旅行直播、教育直播、美妆直播、美食直播等。而"直播+电商"造就的电商类直播也就自然备受关注，因其具有一定的流量变现能力，从而引起了各大电商平台的重视（Masih

---

① 张夏恒，陈怡欣. 中国跨境电商综合试验区运行绩效评价 [J]. 中国流通经济，2019，33（9）.

Fadaki 等，2020）[①]。本书选出网红带货和平台直播两个变量。

为了做好网红带货与平台直播的维度划分，本书组织了相关业内专家及电商从业人员开展座谈调研。同时，借鉴 Shen 等（2010）对网红带货关于专业性的定义，即表示用户感知到网红本身所拥有对产品的熟悉度及专业知识和提供有益的消费指导信息的程度，从而将专业性作为网红带货的第一个维度。根据 Burgoon 等（2000）将感知互动性定义为感知到人际交互的累积和正在进行社交的程度，而将感知互动性作为网红带货的第二个维度。综上所述，根据网红带货的特征，本书将其分为专业性和感知互动性两个维度。另外，本书参考 Dong 和 Wang（2018）的相关研究将平台直播这个自变量从平台可视化这个维度衡量，如图3-1所示。

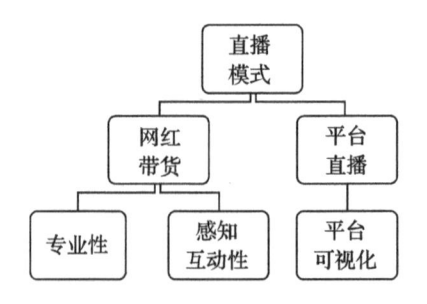

图 3-1 直播模式维度划分

[①] Masih Fadaki, Shams Rahman, Caroline Chan. Leagile Supply Chain: Design Drivers and Business Performance Implications [J]. International Journal of Production Research, 2020, 58 (18).

3.1.2　用户体验界定与维度的划分

随着移动互联网时代的到来，网络是企业进行品牌推广、产品营销的重要平台，也是增强企业与用户关系的重要方式。由于网络直播具有社交性、互动性和娱乐性的特点，网络直播已经是电商营销的主流方式。优异的直播模式表现为通过降低用户的购买成本、解决用户消费的时空局限、拉近与用户的距离、利用界面视觉感官和交互行为进行有效的沟通，提供良好的用户体验，提高消费者的满意度与忠诚度，增加消费者的购买动机，从而提升企业的绩效。所以，用户体验可以在直播模式下改善企业绩效。因此，本书选取用户体验作为中介变量。

用户体验是在过程中产生的，主要包括用户使用前、使用中、使用后的情感、信仰、偏好、感受、生理和心理的反应、行为和成就感（Andrew Mara，2020）[1]。本书将"用户体验"定义为：在网络营销中，用户对直播购物的售前、售后服务及在使用产品的过程中建立起来的一种主观心理感受，包括人们对使用或期望使用的产品、系统或者服务的认知印象和回应。基于第 2 章关于用户体验测度的文献分析，本书在前人的研究基础上，将从互动体验、享乐体验这两个维度测量用户的直播体验。

---

[1]　Andrew Mara. UX on the Go: A Flexible Guide to User Experience Design [M]. Abingdon: Taylor and Francis, 2020.

3.1.3 质量文化界定与维度的划分

国内外不同学者对质量文化的概念界定还存在一定的差异，但也有相同的方面，大部分学者认为质量文化是与质量有关的活动，体现在产品质量、服务质量、工作质量、消费质量、生活质量和环境质量等各个方面。Saeed Alshehry（2019）[1]认为，企业的质量文化一般是指企业在长期的生产经营中自然形成的一系列有关质量问题的意识、规范的价值取向、行为准则、思维方式，其核心内容就是质量理念、质量道德观、质量行为准则。Tshilidzi 等（2019）[2]认为，质量文化是有意识的行为，是组织文化的核心，组织全面质量管理的"道、术、器、法、势"是质量文化的定义。Heliyon（2020）[3]认为，企业质量文化是企业在长期的生产经营管理过程中，由企业高层领导倡导、企业员工普遍认同、逐步形成并相对固化的群体质量意识、质量观念、质量行为、质量评价、质量结果、质量奖惩制度等的总和。

---

[1] Abdualrahman Saeed Alshehry. Culture of Quality in Infection Prevention of a Hospital as Perceived by Health Care Workers [J]. Journal of Nursing Management, 2019, 27 (6).

[2] Amanuel Eromo Adillo, Tshilidzi Netshitangani. Principals' Leadership Roles in Transforming School Culture for Quality Education in Urban Secondary Schools in Ethiopia [J]. Journal of Gender, Information and Development in Africa (JGIDA), 2019, 8 (2).

[3] Heliyon. Eniola Anthony Abiodun, Olorunleke Gabriel Kolade, Akintimehin Olamide Oluwabusola, Ojeka John Dean, Oyetunji Bushirat [J]. The Impact of Organizational Culture on Total Quality Management in SMEs in Nigeria, 2019, 5 (8).

本章认为质量文化是企业文化的核心，主要包括企业在生产经营活动中所形成的质量意识、质量价值观和以顾客为出发点提供的更优质的产品及服务。质量文化概念的丰富性及多样性使其在各个领域都能发挥独特的作用，由于质量文化的重要性，不同的学者利用不同的维度划分来衡量质量文化，具体研究如表 3-1 所示。

表 3-1 质量文化的维度划分

年份	学者	维度的划分
2015	Katwalo 等[1]	将质量文化分为持续改进、全系统的管理思维
2016	Sattler 等[2]	将质量文化分为共同的质量价值观的信任、质量导向的领导、质量导向的沟通，全面评估
2017	程虹等	将质量文化分为创造能力、专业精神、满足需求、员工参与和质量控制五个维度
2019	Gotzen K[3]	阐述了企业质量文化中意识、制度、服务、形象等六个方面的设置和关联

综上所述，学者们基于自身理解和具体方法来总结和判

---

[1] Katwalo A M, Asienga I. Influence of Quality Culture on Performance of Research Institutions InKenya [J]. African Journal of Business&Economic Research, 2015（1）.

[2] Sattler C, Sonntag K, Gotzen K. The Quality Culture Inventory (QCI): An Instrument Assessing Quality-related Aspects of Work [M] // Advances in Ergonomic Design of Stems, Products and Processes. Berlin Heidelberg: Springer, 2016.

[3] Gotzen K. Modernizing Pharmaceutical Quality Systems; Studying Quality Metrics and Quality Culture; Quality Metrics Feedback Program; Reopening of Submission Period [J]. The Federal Register/FIND, 2019, 84（169）.

断，利用不同维度的划分来衡量质量文化，但可以发现学者们划分的维度也具有交叉部分，包括客户导向、管理承诺、共享价值观、个人成长等。另外，本书还组织了相关质量文化研究专家的座谈，并对其观点进行归纳与提炼。最终，本书将质量文化划分成质量价值观、质量导向的沟通、客户导向三个维度。

3.1.4　企业绩效界定与维度的划分

学术界对绩效的研究时间很长。美国管理大师彼得·德鲁克（Peter Drucker）于1954年在其著作《管理实践》中最先提出了"目标管理"的概念。

1992年，罗伯特·卡普兰和戴维·诺顿发明了平衡计分卡，从财务和非财务角度的财务、顾客、内部过程、学习与创新这四个方面对企业进行全面的测评。彭华涛等（2020）[1]按时间顺序对不同的绩效定义进行梳理、分析和归纳，总结得到绩效从复式记账的产生，到今天的平衡计分卡，大致经历了观察性绩效、成本绩效、财务绩效、财务与非财务相结合的平衡绩效、战略绩效及全面绩效等发展阶段。葛宏翔和梁微（2020）[2]认为绩效是组织或个人在一定时期内，工作的

---

[1] 彭华涛，李冰冰，周灵玥. 环境动态性视角下创业企业的创新策略选择比较 [J]. 科学学研究，2020（9）.

[2] 葛宏翔，梁微. 海归创业者社会资本对初创企业绩效的作用研究——基于科技研发能力的中介效应 [J]. 科技管理研究，2020，40（15）.

总体输出效果。

相关研究表明，绩效是组织期望的结果，是组织为了实现自己的目标而展现在不同层面上的有效输出，包括个人和组织两个层面的绩效。因此，本书选取企业绩效作为电商直播模式的因变量。在此基础上，本书将企业绩效界定为：企业在投入一定量的生产要素后，产生的企业经营效益和经营者的业绩，包括盈利能力、运营能力、偿还能力和未来发展能力等。

有学者在研究网络营销模式对企业绩效的影响时提出了企业绩效的八个测量维度，可以归纳为财务和市场两个方面；在针对电子商务企业绩效的研究中，企业绩效的四个维度（销售额平均增长幅度、总体的市场竞争力、利润目标的完成情况、总资产税前平均利润率）同样可以归纳为财务和市场两个方面；在研究网站对企业绩效的影响时，有学者对企业绩效的维度划分（销售收入和市净率）也是从财务和市场两个角度出发的。

本书的研究对象是电商直播模式，与这三项研究背景类似。因此，本书参照虚拟营销行业的企业绩效测度，将企业绩效分为财务绩效和市场绩效两个层面进行测量。

3.1.5 变量界定与维度划分总结

基于上述理论分析及文献梳理，本书相关变量界定与维度划分的汇总如表 3-2 所示。

表 3-2 本书相关变量界定与维度划分的汇总

变量	界定与维度的划分
电商直播模式	将网红带货划分为专业性、感知互动性两个维度，将平台直播从平台可视化这个维度进行衡量。其中，网红带货的专业性指用户感知到网红本身所拥有对产品的熟悉度及专业知识和提供有益的消费指导信息的程度。感知互动性指感知到人际交互的累积和正在进行社交的程度
用户体验	用户体验指在网络营销中，用户对直播购物的售前、售后服务及在使用产品的过程中建立起来的一种主观心理感受，包括人们对使用或期望使用的产品、系统或者服务的认知印象和回应。将用户体验划分成互动体验、享乐体验两个维度
质量文化	质量文化界定为企业在生产经营活动中所形成的质量意识、质量价值观和以顾客为出发点提供更优质的产品及服务。将质量文化划分成质量价值观、质量导向的沟通、客户导向三个维度
企业绩效	企业绩效界定为企业在投入一定量的生产要素后，产生的企业经营效益和经营者的业绩，包括盈利能力、运营能力、偿还能力和未来发展能力等。将企业绩效分为财务绩效和市场绩效两个层面进行测量

3.2 理论分析与研究假设

本小节分析 S-O-R 理论，并提出电商直播模式对企业绩效、用户体验、质量文化的调节作用和技术平台这几个对象的假设，分析这些变量间的作用路径。

3.2.1 S-O-R 理论

S-O-R（Stimulus-Organic-Response）理论起源于环境心理学，美国行为心理学家华生在 20 世纪初提出 S-O-R 理论的原始理论，即"刺激—反应"理论（"S-R"理论），该理论指出外界的刺激能够引起行为人的心理反应并产生变化。在此基础上，赫尔和托尔曼将该公式发展为"S-O-R"理论（即"刺激—有机体或反应的主体—反应"理论），其中"S"表示刺激物，"O"指有机体，"R"指反应。S-O-R 理论认为环境中的外部刺激会对人们机体的内在状态产生影响（消费者在受到外部的环境刺激与内在的需求刺激后），会产生无意识的生理或心理上的变化，进而做出购买决策。

1975 年，Belk 将"S-O-R"理论应用于市场营销中，并将"O"定义为消费者黑箱，具体指消费者在经历刺激之后，在采取消费行为之前的一种心理活动。事实上，S-O-R 理论从被提出到现在已被广泛应用于消费者行为相关的各项研究中，如作为理论框架以探讨线上消费环境对消费者体验、心理状态与购买意愿的影响。

本书将 S-O-R 模式运用到研究中，"S"是指电商直播带来的刺激；"O"是指用户的心理变化，即用户体验；"R"是指用户的行为反应，即最终表现为企业绩效。鉴于 S-O-R 模型与本书的高度适用性，本书将 S-O-R 理论作为本书理论模型建立的依据，根据本书的研究背景及目的，构建了质量文化调节下"电商直播模式—用户体验—企业绩效"的关系模型，并进行实证研究，以期为企业的发展提供一些建议。

3.2.2 电商直播模式对企业绩效的影响分析

从数据经济的主流变现模式来看，"网红+电商"是一种非常高效的社交影响力变现模式，对比一般的实体店铺商家，网络直播电商模式能增加用户的黏性（Nicholas，2020）。网络红人通过直播平台的带货行为显示了网红电商这种经济模式的可持续性（徐德英和韩伯棠，2016）①，进而增加收入，使企业的绩效得以提高。

通过前文关于直播模式、用户体验、企业绩效及它们相互关系的研究，经过综合梳理可以发现：电商直播是"电商平台+直播功能"的销售模式，是以移动电商平台为载体，作为一种新型的电商营销手段来助力企业绩效的提升。直播模式可以通过提高用户体验来提高企业的收益，最终正向地影响企业绩效这一经营成果指标，由此可以提出关于电商直播模式和企业绩效的相关假设。

假设 H1：电商直播模式对企业绩效产生正向影响，即网

---

① 徐德英，韩伯棠. 电商模式下区域创新绩效及空间溢出效应研究［J］. 科研管理，2016，37（11）.

红带货、平台直播对企业绩效呈正向影响。

3.2.3 电商直播模式对用户体验的影响分析

网络营销的理论基础主要是直复营销理论、网络关系营销理论、软营销理论和网络整合营销理论。网络营销理论中的网络关系营销理论认为，互联网实现了双向沟通，为用户提供更好的服务，这说明直播这一营销方式能够为用户实现更好的服务，让用户得到更好的体验。此外，网络营销理论中的网络软营销理论强调尊重消费者的感受和体验，电商直播这一互联网营销方式应该遵循软营销的规则，重视网络礼仪。直播这种营销方式能够加强与顾客的沟通与联系，能在营销中考虑到消费者的情感需求，注重消费者的体验，把这种体验看作顾客价值的组成部分，并特别强调顾客参与，以及企业与消费者间的互动。因此，用户体验受到电商直播模式的影响，所以，本书将用户体验作为电商直播模式与企业绩效的中介变量。

目前，电商直播模式成为企业对用户营销的创新模式。在数字经济时代，媒介用户体验的使用主体便是用户，用户体验就是用户与媒介产品和产品或服务发生交互作用所产生的一种个性化感受（James William Martin, 2020）[1]。因此，在

---

[1] James William Martin. Operational Excellence: Breakthrough Strategies for Improving Customer Experience and Productivity [M]. Abingdon: Taylor and Francis, 2020.

电商网络直播模式中,电商网络直播营销要以用户体验为核心,要根据用户的购物需求,适当地增加用户体验以建立长期的用户黏性(Daniel,2019)[①]。

直播模式内部的网红带货和平台直播都可以直接或间接地通过提高用户体验来促进营销业绩,最终正向影响企业绩效这一经营成果指标,因此,可以提出如下理论假设。

假设H2:网红带货和平台直播对用户体验产生正向影响。

3.2.4　用户体验对企业绩效的影响分析

随着经济的发展,对用户而言,人们不再局限于满足需求,而是进一步地关注体验的过程,由需求上升到感受;对企业而言,关注用户体验是企业不断寻求竞争优势的必然结果。在竞争中,当企业内部的改变并未达到预期时,企业家们会将目光转移到外部的环境,并重点专注于从用户的视角切入,来探索企业新的核心竞争力(郭全中,2020)[②],由此产生的效果将直接作用于企业绩效,实现企业绩效的提高。这一过程便展现出用户体验和企业绩效的关系。电商运用直播这一营销方式增加了与用户的互动,促进了用户对产品的了

[①] Daniel Lafrenière. Delivering Fantastic Customer Experience: How to Turn Customer Satisfaction into Customer Relationships [M]. Abingdon: Taylor and Francis, 2019.

[②] 郭全中. 中国直播电商的发展动因、现状与趋势 [J]. 管理评论,2020(8).

解，达到了提高用户体验的效果，提高了用户对产品和服务的总体满意度，拉动了用户的购买力，提高了企业绩效。因此，用户体验与企业绩效存在一定的联系，可以提出如下理论假设。

假设 H3：用户体验对企业绩效产生正向影响。

3.2.5　质量文化的调节作用分析

网络营销理论中的网络体验营销理论认为在营销过程中要考虑消费者的情感需要，注重用户体验，产品和服务要以用户为中心。而产品或服务以用户为中心的首要要求便是质量过关，因此，质量文化能够调节电商直播对用户体验的影响过程。

网络营销理论中的网络关系营销理论认为关系营销是指建立、维系和发展顾客关系，致力于建立顾客忠诚度的营销。网络的互动性适合体验营销的发展。企业希望通过营销体验保持与顾客的长期关系，从而不断维持与扩大市场占有率，提高企业的绩效。而用户在体验过程中产生的长期的忠诚度必定是通过产品或服务本身的质量来维持的。因此，质量文化能够调节用户体验对企业绩效的影响过程。

通过质量文化影响电商直播与用户体验之间关系的相关研究，可以确定质量文化能够调节电商直播与用户体验之间的关系。企业运用直播模式进行产品的销售时，用户更加关心的是产品质量、服务质量和物流能力等，企业的质量文化所塑造的质量形象也会在一定程度上影响直播中产生的用户体验。因此，企业质量文化的提高在电商直播模式对用户体验的影响路径中将产生影响。

通过质量文化影响用户体验与企业绩效之间关系的相关研究，可以发现众多学者在研究中都阐述了企业的质量文化对用户体验与企业绩效之间的关系具有一定的影响。随着消费者对产品和服务质量的要求越来越高，消费也越来越理性，质量文化也逐渐成为企业赢得竞争优势的重要文化支撑。Wided Batat（2020）[1]认为企业质量文化的提高能够促进用户体验和企业绩效的提升，最终表现为企业的影响力和生存能力等的大大提高。质量文化对用户体验影响企业绩效具有显著的调节效果。

根据以上分析，可以得出以下理论假设。

假设 H4：企业的质量文化在网红带货对用户体验的影响过程中起正向调节作用。

假设 H4a：企业的质量文化在网红带货、用户体验和企业绩效的关系中有促进和调节作用。对具有高质量文化的企业而言，通过用户体验的中介作用，网红带货对企业绩效的

---

[1] Wided Batat. Experiential Marketing: Case Studies in Customer Experience [M]. Abingdon: Taylor and Francis, 2020.

正向作用更强。

假设 H5：企业的质量文化在平台直播对用户体验的影响过程中起正向调节作用。

假设 H5a：企业的质量文化在平台直播、用户体验和企业绩效的关系中有促进和调节作用。对具有高质量文化的企业而言，通过用户体验的中介作用，平台直播对企业绩效的正向作用更强。

假设 H6：企业的质量文化在用户体验对企业绩效的影响过程中起正向调节作用。

3.2.6 平台技术对企业绩效的影响分析

数字经济相关理论表明，数字经济是以数字化的知识和信息作为关键的生产要素，凭借现代信息网络这一重要载体，利用信息通信技术作为重要推动力的一系列的经济活动。在数字经济时代，企业正是利用信息通信技术实现了直播这一新型营销方式，以此助力企业绩效的提高。正因为如此，企业绩效受到直播全过程的影响，而直播是凭借信息技术水平得以顺利实现的，所以，电商直播受到平台技术水平的影响。本书选取平台技术作为控制变量。

综合第 2 章关于平台技术与企业绩效关系的相关理论分析可以得出，在数字经济时代下，直播平台将用户和企业连接起来，良好的平台技术在一定程度上影响电商直播的质量、用户体验及用户的购买意愿，进而对企业绩效造成一定的影响。

很多学者对平台技术与企业绩效进行研究，发现两者间存在正向的影响，认为平台技术、数据库系统等的有效配置和整合都会有利于企业互动响应能力的提升，进而提高用户的购买意愿和企业绩效。曾德明等（2020）[①]经过协整检验得出平台技术与企业绩效之间存在协整关系，平台技术是推动中小企业电子商务绩效增长的主要因素。陈文强（2018）[②]认为技术支持可提高用户体验，增加消费转化率，提高企业绩效。因此可以提出如下理论假设。

假设H7：平台技术会对企业的绩效产生正向影响。

3.2.7 研究假设

综上所述，本书将网红带货划分为专业性和感知互动性两个维度；将平台直播从平台可视化这个维度进行衡量；将用户体验分为互动体验和享乐体验两个维度；将企业绩效分为财务绩效与市场绩效两个维度；将质量文化分成质量价值观、质量导向的沟通、客户导向三个维度。本书基于以上的维度划分来阐述网红带货、平台直播对企业绩效的影响，以及网红带货、平台直播也会通过用户体验这一中介变量影响

[①] 曾德明，尹恒，文金艳. 科学合作网络关系资本、邻近性与企业技术创新绩效 [J]. 软科学，2020，34（3）.

[②] 陈文强. 中小企业电子商务绩效评价与影响因素分析 [J]. 全国流通经济，2018（33）.

企业绩效。本书的假设汇总如表 3-3 所示。

表 3-3 本书的假设汇总

编号
H1：电商直播模式对企业绩效产生正向影响，即网红带货、平台直播对企业绩效呈正向影响
H2：网红带货和平台直播对用户体验产生正向影响
H3：用户体验对企业绩效产生正向影响
H4：企业的质量文化在网红带货对用户体验的影响过程中起正向调节作用
H4a：企业的质量文化在网红带货、用户体验和企业绩效的关系中有促进和调节作用。对具有高质量文化的企业而言，通过用户体验的中介作用，网红带货对企业绩效的正向作用更强
H5：企业的质量文化在平台直播对用户体验的影响过程中起正向调节作用
H5a：企业的质量文化在平台直播、用户体验和企业绩效的关系中有促进和调节作用。对具有高质量文化的企业而言，通过用户体验的中介作用，平台直播对企业绩效的正向作用更强
H6：企业的质量文化在用户体验对企业绩效的影响过程中起正向调节作用
H7：平台技术会对企业的绩效产生正向影响

3.3 研究模型设计

为了进一步揭示在数字经济背景下电商直播模式对企业绩效影响的内在机理，深化数字经济背景下电商直播模式、用户体验与企业绩效间的关系，将沿着电商直播模式→用户体验→企业绩效的逻辑思路，设计数字经济背景下电商直播模式对企业绩效的影响模型，为后文中问卷设计和实证分析奠定理论和实践基础。理论模型如图 3-2 所示。

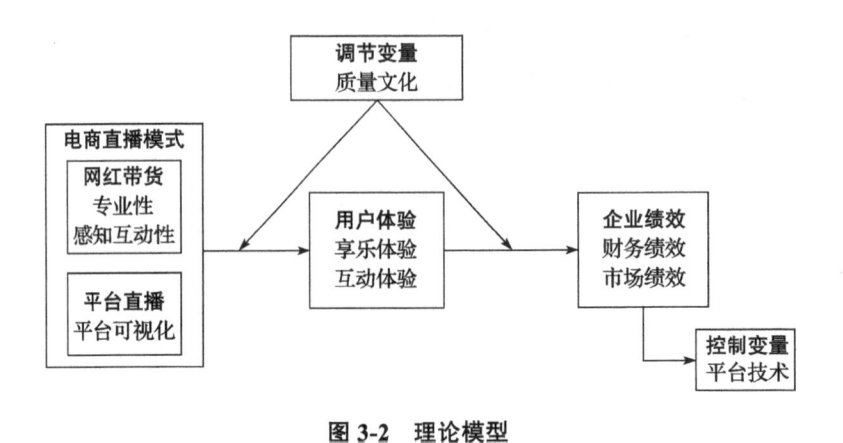

图 3-2 理论模型

3.4 本章小结

首先，对本书相关变量进行定义的界定和维度的划分。其中，电商直播模式划分为网红带货和平台直播两个维度；用户体验划分为互动体验和享乐体验两个方面；企业绩效划分为财务绩效和市场绩效两个维度；质量文化划分为质量价值观、质量导向的沟通、客户导向三个维度。其次，基于理论分析，对相关变量提出假设，分析变量间的作用路径。最后，依据相关文献或理论概述，沿着电商直播模式→用户体验→企业绩效的逻辑思路，设计电商直播模式对企业绩效影响的理论模型，为后文中的实证检验奠定坚实的基础。

第4章

电商直播模式对企业绩效影响的实证分析

在对电商直播模式、用户体验、企业绩效、质量文化、平台技术等变量的定性分析基础上，本章主要进行相关变量的量表开发、问卷设计，探讨相关变量的效度和信度，并进行实证分析。

4.1 调查方案设计

本小节主要介绍调查方案设计的过程，包括确定调查的对象与目的，确定抽样的方法和样本容量，以及问卷量表开发设计和问卷发放回收。

4.1.1 调查对象及目的

基于作者所能获取的资源，以及资料信息，本书的调查对象主要是从事电商直播业务的电商及相关企业的中高层管理人员。调查的目的是了解相关变量的基本情况和数据，主要包括：一是了解电商直播模式对企业绩效影响的基本情况并收集相关数据；二是了解用户体验对电商企业绩效影响的基本情况并收集相关数据；三是了解质量文化在调节电商直播模式对用户体验影响过程中的基本情况并收集相关数据；四是了解质量文化在调节用户体验对企业绩效影响过程中的基本情况并收集相关数据；五是了解平台技术对企业绩效影响的基本情况并收集相关数据。

4.1.2 抽样方法及样本容量的确定

考虑到时间、经费及人力的限制，本书主要采用滚雪球抽样的方式获取所需要的样本。在研究的中介模型中共有64个测量题项、6个内生变量、11条路径系数，共有141个参数需要估计。根据每个参数需要5个样本的要求，本书的模型需要705个样本以上。

4.1.3 问卷设计

本书的调查量表采用李克特（Likert）五点量表的形式，也就是针对每个变量的问题描述从1到5进行评分。其中，"1"代表非常不赞同，"2"代表比较不赞同，"3"代表一般，"4"代表比较赞同，"5"代表非常赞同。

（1）电商直播模式的量表设计与开发。

电商直播模式是企业利用直播进行网络营销的方式，包括网红带货与平台直播。网红带货是指网红通过对所拥有产品的熟悉度及专业知识，为消费者提供有益的消费指导信息并促进用户购买的行为。平台直播是指企业通过平台进行直播以实现营销。从网红带货（WH）和平台直播（PT）两个维度对电商直播模式进行划分，以期更好地介绍电商直播模式与中介变量用户体验和因变量企业绩效之间的关系，并通过结合两个自变量的相关特性进行量表编制，对电商直播模式的综合量表进行设计，如表4-1所示。

第 4 章 电商直播模式对企业绩效影响的实证分析 | 117

表 4-1 电商直播模式初始量表

变量	维度	编号	测量题项	参考来源
网红带货 (WH)	专业性 (SP)	SP1	该网红在品牌和产品方面是专业的	宿志刚和张京（2019）[1]
		SP2	该网红在挑选产品和品牌上有丰富的经验	
		SP3	我认为直播可以将商品全面、立体地进行展示	
		SP4	我认为在直播过程中主播可以对与商品相关的问题给出专业性的回答	
		SP5	我认为在直播过程中主播可以根据我的描述给出个性化的建议	
	感知互动性 (PI)	PI1	该网红总是积极回应我的问题或话题	李爱年和蔡赞蓬（2019）[2]
		PI2	我会积极响应该网红发起的话题	Long Tefertiller（2020）[3]
		PI3	我可以在直播过程中与网红进行互动	
		PI4	我可以在直播过程中与其他消费者交流	袁奕青（2019）[4]
平台直播 (PT)	平台可视化 (PV)	PV1	直播平台可以以视频的形式给我提供关于产品的详细信息	朱旭光和贾静（2017）[5]
		PV2	直播平台使我可以看到产品的相关属性	
		PV3	直播平台使我可以看到产品的使用方法	
		PV4	直播平台将产品可视化，就像让我在现实中看到产品一样	
		PV5	直播平台可以向我提供我打算购买产品的替代产品的信息	

[1] 宿志刚, 张京. 网络新媒体从业者素养刍议[J]. 管理评论, 2019 (10).
[2] 李爱年, 蔡赞蓬. 网络游戏直播监管困境的法律出路[J]. 中南大学学报（社会科学版）, 2019, 25 (5).
[3] Long Tefertiller. China's New Mania for Live Streaming: Gender Differences in Motives and Uses of Social Live Streaming Services [J]. International Jcurnal of Human-computer Interaction, 2020, 36 (14).
[4] 袁奕青. 网络直播对网红与粉丝关系的影响研究[J]. 管理评论, 2019 (5).
[5] 朱旭光, 贾静. 论网络视频直播业的供给侧改革[J]. 管理评论, 2017 (10).

（2）用户体验的量表设计与开发。

用户体验指在直播购物中，用户对售前、售后服务及在使用过程中对产品的心理感受。根据已有文献及相关用户体验（YH）的研究思路，本书将用户体验划分为互动体验（IFE）和享乐体验（HE）两个维度，并对用户体验的量表进行设计，如表4-2所示。

表4-2 用户体验初始量表

变量	维度	编号	测量题目	量表来源
用户体验（YH）	互动体验（IFE）	IFE1	通过观看直播，我可以获取一些我想知道的信息	沙振权等（2010）[1]和龚潇潇等（2019）[2]
		IFE2	观看直播时，我的弹幕观点可以获得其他观众的支持和鼓励	
		IFE3	通过观看直播，我对商品有了全面的了解	
		IFE4	观看直播时，我觉得我可以给其他观众留下很深的印象	
		IFE5	观看直播时，我可以与其他观众通过弹幕等途径进行交流	

---

[1] 沙振权，蒋雨薇，温飞. 虚拟品牌社区体验对社区成员品牌认同影响的实证研究[J]. 管理评论，2010，22（12）.

[2] 龚潇潇，叶作亮，吴玉萍，等. 直播场景氛围线索对消费者冲动消费意愿的影响机制研究[J]. 管理学报，2019，16（6）.

续表

变量	维度	编号	测量题目	量表来源
用户体验（YH）	享乐体验（HE）	HE1	观看直播时，我的心情可以得到放松	沙振权等（2010）和龚潇潇等（2019）
		HE2	观看直播时，我能缓解压力	
		HE3	观看直播让我投入其中，感到愉快和满足	
		HE4	直播让我接触到很多东西，对我而言非常有意义	

（3）企业绩效的量表设计与开发。

企业绩效是企业在一定的会计期间产生的企业经营效益和经营者业绩。根据已有文献及相关企业绩效（JX）的研究思路，本书将企业绩效划分为财务绩效（FP）与市场绩效（MP）两个维度，并对企业绩效的量表进行设计，如表4-3所示。

表4-3 企业绩效初始量表

变量	维度	编号	测量题项	量表来源
企业绩效（JX）	财务绩效（FP）	FP1	与同类企业相比，本企业近两年总资产税前平均利润率较高	邵鹿峰等（2020）[1]和杨超等（2020）[2]

---

[1] 邵鹿峰，闫林楠. 全球价值链分工网络下的企业国际化战略与绩效关系研究［J］. 国际经贸探索，2020，36（8）.

[2] 杨超，黄群慧，贺俊. 中低技术产业集聚外部性、创新与企业绩效［J］. 科研管理，2020，41（8）.

续表

变量	维度	编号	测量题项	量表来源
企业绩效（JX）	财务绩效（FP）	FP2	与同类企业相比，本企业近两年平均利润更高	邰鹿峰等（2020）和杨超等（2020）
		FP3	与同类企业相比，本企业近两年投资平均回报率更高	
		FP4	与同类企业相比，本企业近两年平均销售成本更低	
		FP5	与同类企业相比，本企业近两年销售额平均增长幅度更大	
	市场绩效（MP）	MP1	与同类企业相比，本企业产品近两年的总体市场扩大速度更快	
		MP2	与同类企业相比，本企业产品近两年的顾客数量增长率更快	
		MP3	与同类企业相比，本企业具有较高的顾客保留度	
		MP4	本企业的知名度处于行业较高水平	
		MP5	与同类企业相比，本企业的顾客忠诚度较高	
		MP6	与同类企业相比，本企业产品近两年的总体市场竞争力更大	

（4）质量文化的量表设计与开发。

质量文化是企业关于产品或服务的质量理念。根据已有文献及相关质量文化（ZW）的研究思路，本书将质量文化划分为质量价值观（QV）、质量导向的沟通（QC）和客户导向（CO）三个维度，并对质量文化的量表进行设计，如表4-4所示。

表4-4 质量文化初始量表

变量	维度	编号	测量题目	量表来源
质量文化（ZW）	质量价值观（QV）	QV1	公司追求卓越质量的理念	Kathy Lyall（2020）[①]
		QV2	公司始终保持诚信和精品生产的意识	
		QV3	公司的愿景是以顾客满意为目标	
	质量导向的沟通（QC）	QC1	公司会对质量发展措施进行公开讨论	
		QC2	公司员工会主动提出提高质量的想法和建议	
		QC3	公司员工参与质量交流过程的积极性很高	
		QC4	在公司内部能够共享与质量相关的信息	
		QC5	公司能进行由上到下或由下到上的有效沟通	
	客户导向（CO）	CO1	公司提供的产品或服务质量使客户满意度很高	
		CO2	公司会根据客户的反馈意见进行改进和提高	
		CO3	公司追求质量创新，不断满足和超越客户的期望	

---

① Kathy Lyall. Culture of Quality [J]. Quality, 2020, 59（8）.

(5)平台技术的量表设计与开发。

平台技术是指企业进行直播时所利用平台的技术水平。根据已有文献及相关平台技术（JS）的研究思路，本书将平台技术划分为管理技术（MT）和服务技术（ST）两个维度，并对平台技术的量表进行设计，如表4-5所示。

表4-5 平台技术初始量表

变量	维度	编号	测量题目	量表来源
平台技术（JS）	管理技术（MT）	MT1	公司拥有记录顾客完整交易信息的系统	Song Yang 等（2020）[1]
		MT2	公司的技术系统能提供多样化的在线服务信息	
		MT3	公司的技术系统能有效管理商品信息	
		MT4	公司的平台技术有助于客户信息的管理	
		MT5	公司的平台技术有利于商家与客户间信息的交流和管理	
	服务技术（ST）	ST1	公司的直播平台有良好的语音处理技术	
		ST2	公司的直播平台有良好的图像处理技术	
		ST3	公司的直播平台能提供流畅的直播画面	
		ST4	公司的直播平台能提供清晰的直播画面	

[1] Song Yang, Fan Li, Stojan Trajanovski, et al. Traffic Routing in Stochastic Network Function Virtualization Networks [J]. Journal of Network and Computer Applications, 2020(169).

（6）调查问卷（详见附录）。

4.1.4 问卷的发放和回收

问卷的发放和回收主要通过三种方式进行。一是将问卷星链接发给企业的中高层管理人员，直接在问卷星中填写，结果直接保存在问卷星的后台中，以 Excel 形式呈现；二是通过邮件的方式发给企业的中高层管理人员填写并回收；三是采用纸质的调查问卷对企业的中高层管理人员进行实地调查，现场填写。

4.2 预调查

预调查是指为了检验问卷的信度和效度而进行的小样本调查。进行预调查可以尽早发现调查问卷的不足之处并及时更正，以避免人力、物力和时间的浪费。量表的效度检验主要采用探索性因子分析法，信度用 Cronbach's α 评价。

4.2.1 效度检验

本次预调查共向相关专家学者、行业资深人士等发放了调查问卷 200 份，经过认真核对问卷的填写情况并除去无效问卷，最终有效问卷的样本数量为 174 份，问卷的有效率为 87%。本次预调查先将问卷数据随机分成两份数据，将其中一份数据用于进行初始量表的探索性因子分析，另一份数据用于验证初始量表删除题项后的因子载荷是否大于 0.5。在进行探索性因子分析的过程中，按照特征值大于 1 的标准进行因子抽取，并用方差最大法进行因子旋转。

根据 Weiss（1970）和 Churchill（1979）的研究，若测量题项的因子载荷小于 0.5，则删除该题项；若剩余测量题项的因子载荷都大于 0.5，则表示测量题项是符合要求的。

（1）对网红带货的初始量表进行探索性因子分析。

网红带货初始量表的分析结果：KMO 检验结果为 0.859（>0.70），Bartlett 球形检验的近似卡方值为 609.724，显著性概率值达到显著水平（p<0.05），表明网红带货数据适合进行因子分析。其中，题项 SP4 和 PI1 的因子载荷分别为 0.455、0.434，均小于 0.5，如表 4-6 所示。

表 4-6 网红带货初始量表的探索性因子分析

变量	题目	因子载荷	特征值（解释方差 %）	KMO	Bartlett 球形检验
网红带货（WH）	SP1	0.923	6.242（69.352%）	0.859	609.724
	SP2	0.907			
	SP3	0.914			
	SP4	0.455			
	SP5	0.923			
	PI1	0.434			
	PI2	0.872			
	PI3	0.913			
	PI4	0.943			

因此，本书将"我认为在直播过程中主播可以对与商品相关的问题给出专业性的回答（SP4）""该网红总是积极回应我的问题或话题（PI1）"这两个题项删除。在此基础上，利用随机对半后的另一份数据对网红带货的剩余题项再次进行探索性因子分析。

网红带货初始量表删除题项后的分析结果：KMO 检验结果为 0.849（>0.70），Bartlett 球形检验的近似卡方值为 587.720，显著性概率值达到显著水平（$p<0.05$），表明数据适合进行因子分析。各题项的因子载荷均在 0.5 以上，这表明删除题项后的网红带货量表效度较好，如表 4-7 所示。

表 4-7　网红带货初始量表删除题项后的探索性因子分析

变量	题目	因子载荷	特征值（解释方差 %）	KMO	Bartlett 球形检验
网红带货（WH）	SP1	0.936	5.901（84.298%）	0.849	587.720
	SP2	0.921			
	SP3	0.921			
	SP5	0.930			
	PI2	0.863			
	PI3	0.914			
	PI4	0.941			

（2）对平台直播的初始量表进行探索性因子分析。

平台直播初始量表的分析结果：KMO 检验结果为

0.817（>0.70），Bartlett 球形检验的近似卡方值为 327.824，显著性概率值达到显著水平（p<0.05），表明数据适合进行因子分析。其中，题项 PV3 的因子载荷为 0.335，小于 0.5，如表 4-8 所示。

表 4-8　平台直播初始量表的探索性因子分析

变量	题目	因子载荷	特征值（解释方差 %）	KMO	Bartlett 球形检验
平台直播（PT）	PV1	0.949	3.730（74.596%）	0.817	327.824
	PV2	0.934			
	PV3	~~0.335~~			
	PV4	0.966			
	PV5	0.955			

因此，本书将"直播平台使我可以看到产品的使用方法（PV3）"这个题项删除。在此基础上，利用随机对半后的另一份数据对平台直播的剩余题项再次进行探索性因子分析。

平台直播初始量表删除题项后的分析结果：KMO 检验结果为 0.823（>0.70），Bartlett 球形检验的近似卡方值为 322.454，显著性概率值达到显著水平（p<0.05），表明数据适合进行因子分析。各题项的因子载荷均在 0.5 以上，这表明删除题项后的平台直播量表效度较好，如表 4-9 所示。

表 4-9 平台直播初始量表删除题项后的探索性因子分析

变量	题目	因子载荷	特征值 （解释方差 %）	KMO	Bartlett 球形检验
平台直播（PT）	PV1	0.958	3.645（91.125%）	0.823	322.454
	PV2	0.934			
	PV4	0.969			
	PV5	0.957			

（3）对用户体验的初始量表进行探索性因子分析。

用户体验初始量表的分析结果表明：KMO 检验结果为 0.930（>0.70），Bartlett 球形检验的近似卡方值为 805.002，显著性概率值达到显著水平（$p<0.05$），表明数据适合进行因子分析。其中，题项 IFE2 的因子载荷为 0.494，小于 0.5，如表 4-10 所示。

表 4-10 用户体验初始量表的探索性因子分析

变量	题目	因子载荷	特征值 （解释方差 %）	KMO	Bartlett 球形检验
用户体验（YH）	IFE1	0.955	7.375（81.940%）	0.930	805.002
	IFE2	0.494			
	IFE3	0.964			
	IFE4	0.929			
	IFE5	0.946			
	HE1	0.950			
	HE2	0.943			
	HE3	0.932			
	HE4	0.933			

因此，将"观看直播时，我的弹幕观点可以获得其他观众的支持和鼓励（IFE2）"这个题项删除。基于此，利用随机对半后的另一份数据对用户体验的剩余题项再次进行探索性因子分析。

用户体验初始量表删除题项后的分析结果：KMO 检验结果为 0.937（>0.70），Bartlett 球形检验的近似卡方值为 789.898，显著性概率值达到显著水平（$p<0.05$），表明数据适合进行因子分析。各题项的因子载荷均在 0.5 以上，这表明删除题项后的用户体验量表效度较好，如表 4-11 所示。

表 4-11　用户体验初始量表删除题项后的探索性因子分析

变量	题目	因子载荷	特征值（解释方差 %）	KMO	Bartlett 球形检验
用户体验（YH）	IFE1	0.957	7.157（89.458%）	0.937	789.898
	IFE3	0.965			
	IFE4	0.924			
	IFE5	0.948			
	HE1	0.952			
	HE2	0.946			
	HE3	0.937			
	HE4	0.937			

（4）对企业绩效的初始量表进行探索性因子分析。

企业绩效初始量表的分析结果：KMO 检验结果为 0.900（>0.70），Bartlett 球形检验的近似卡方值为 1025.049，显著性概率值达到显著水平（$p<0.05$），表明数据适合进行因子分析。其中，题项 MP3 的因子载荷为 0.459，小于 0.5，如表 4-12 所示。

表 4-12 企业绩效初始量表的探索性因子分析

变量	题目	因子载荷	特征值（解释方差 %）	KMO	Bartlett 球形检验
企业绩效（JX）	FP1	0.946	8.777（79.795%）	0.900	1025.049
	FP2	0.866			
	FP3	0.945			
	FP4	0.939			
	FP5	0.914			
	MP1	0.915			
	MP2	0.956			
	MP3	0.459			
	MP4	0.941			
	MP5	0.930			
	MP6	0.898			

因此，将"与同类企业相比，本企业具有较高的顾客

保留度（MP3）"这个题项删除。基于此，利用随机对半后的另一份数据对企业绩效的剩余题项再次进行探索性因子分析。

企业绩效初始量表删除题项后的分析结果表明：KMO 检验结果为 0.899（大于 0.70），Bartlett 球形检验的近似卡方值为 1013.827，显著性概率值达到显著水平（$p<0.05$），表明数据适合进行因子分析。各题项的因子载荷均在 0.5 以上，如表 4-13 所示，这表明删除题项后的企业绩效量表效度较好。

表 4-13 企业绩效初始量表删除题项后的探索性因子分析

变量	题目	因子载荷	特征值（解释方差 %）	KMO	Bartlett 球形检验
企业绩效（JX）	FP1	0.945	8.586（85.864%）	0.899	1013.827
	FP2	0.867			
	FP3	0.946			
	FP4	0.944			
	FP5	0.913			
	MP1	0.917			
	MP2	0.958			
	MP4	0.942			
	MP5	0.934			
	MP6	0.896			

（5）对质量文化的初始量表进行探索性因子分析。

质量文化初始量表的分析结果：KMO 检验结果为 0.866（>0.70），Bartlett 球形检验的近似卡方值为 973.599，显著性概率值达到显著水平（$p<0.05$），表明数据适合进行因子分析。其中，题项 QV2 和 QC2 的因子载荷分别为 0.431 和 0.499，均小于 0.5，如表 4-14 所示。

表 4-14　质量文化初始量表的探索性因子分析

变量	题目	因子载荷	特征值（解释方差%）	KMO	Bartlett 球形检验
质量文化（ZW）	QV1	0.962	8.261（75.101%）	0.866	973.599
	QV2	0.431			
	QV3	0.926			
	QC1	0.927			
	QC2	0.499			
	QC3	0.948			
	QC4	0.905			
	QC5	0.934			
	CO1	0.911			
	CO2	0.930			
	CO3	0.947			

因此，将"公司始终保持诚信和精品生产的意识（QV2）"

"公司员工会主动提出提高质量的想法和建议（QC2）"这两个题项删除。基于此，利用随机对半后的另一份数据对质量文化的剩余题项再次进行探索性因子分析。

质量文化初始量表删除题项后的分析结果：KMO检验结果为0.857（>0.70），Bartlett球形检验的近似卡方值为950.051，显著性概率值达到显著水平（$p<0.05$），表明数据适合进行因子分析。各题项的因子载荷均在0.5以上，这表明删除题项后的质量文化量表效度较好，如表4-15所示。

表4-15 质量文化初始量表删除题项后的探索性因子分析

变量	题目	因子载荷	特征值（解释方差%）	KMO	Bartlett球形检验
质量文化（ZW）	QV1	0.965	7.870（87.442%）	0.857	950.051
	QV3	0.926			
	QC1	0.925			
	QC3	0.950			
	QC4	0.912			
	QC5	0.935			
	CO1	0.918			
	CO2	0.938			
	CO3	0.945			

(6)对平台技术的初始量表进行探索性因子分析。

平台技术初始量表的分析结果表明：KMO 检验结果为 0.895（>0.70），Bartlett 球形检验的近似卡方值为 699.522，显著性概率值达到显著水平（$p<0.05$），表明数据适合进行因子分析。其中，题项 MT1 和 MT4 的因子载荷分别为 0.462 和 0.337，均小于 0.5，如表 4-16 所示。

表 4-16 平台技术初始量表的探索性因子分析

变量	题目	因子载荷	特征值（解释方差 %）	KMO	Bartlett 球形检验
平台技术（JS）	MT1	0.462	6.490（72.111%）	0.895	699.522
	MT2	0.922			
	MT3	0.931			
	MT4	0.337			
	MT5	0.955			
	ST1	0.923			
	ST2	0.947			
	ST3	0.963			
	ST4	0.926			

因此，将"公司拥有记录顾客完整交易信息的系统（MT1）""公司的平台技术有助于客户信息的管理（MT4）"这两个题项删除。基于此，利用随机对半后的另一份数据对平

台技术的剩余题项再次进行探索性因子分析。

平台技术初始量表删除题项后的分析结果：KMO 检验结果为 0.912（>0.70），Bartlett 球形检验的近似卡方值为 676.004，显著性概率值达到显著水平（p<0.05），表明数据适合进行因子分析。各题项的因子载荷均在 0.5 以上，这表明删除题项后的平台技术量表效度较好，如表 4-17 所示。

表 4-17 平台技术初始量表删除题项后的探索性因子分析

变量	题目	因子载荷	特征值（解释方差 %）	KMO	Bartlett 球形检验
平台技术（JS）	MT2	0.928	6.209（88.701%）	0.912	676.004
	MT3	0.936			
	MT5	0.957			
	ST1	0.931			
	ST2	0.951			
	ST3	0.959			
	ST4	0.930			

4.2.2 信度检验

通过探索性因子分析法对相关变量题项进行筛选后，当评价量表的内部一致性时，若剩余测量题项的 Cronbach's α

系数超过 0.7，则说明信度符合要求。初始量表删除题项后的 Cronbach's α 系数，如表 4-18 所示。

表 4-18 初始量表删除题项后的 Cronbach's α 系数

变量	维度	题项	Cronbach's α
网红带货（WH）	专业性	SP1	0.968
		SP2	
		SP3	
		SP5	
	感知互动性	PI2	
		PI3	
		PI4	
平台直播（PT）	平台可视化	PV1	0.967
		PV2	
		PV4	
		PV5	
用户体验（YH）	互动体验	IFE1	0.983
		IFE3	
		IFE4	
		IFE5	
	享乐体验	HE1	
		HE2	
		HE3	
		HE4	

续表

变量	维度	题项	Cronbach's α
企业绩效（JX）	财务绩效	FP1	0.982
		FP2	
		FP3	
		FP4	
		FP5	
	市场绩效	MP1	
		MP2	
		MP4	
		MP5	
		MP6	
质量文化（ZW）	质量价值观	QV1	
		QV3	
	质量导向的沟通	QC1	
		QC3	
		QC4	
		QC5	
	客户导向	CO1	
		CO2	
		CO3	

续表

变量	维度	题项	Cronbach's α
平台技术（JS）	管理技术	MT2	0.978
		MT3	
		MT5	
	服务技术	ST1	
		ST2	
		ST3	
		ST4	

由表 4-18 可知，在删除题项后，所有变量的 Cronbach's α 值均大于 0.7，在要求范围之内，这表明删除题项后的量表信度较好。

4.3 正式调查

当预调查的问卷通过了信度和效度检验之后，正式调查便可展开。正式调查数据采集的具体过程，如图 4-1 所示。

4.3.1 描述性统计分析

本次调查问卷的发放对象为从事电商业务的企业员工及企业管理者，发放 850 份问卷，有效问卷为 770 份，有效问卷率为 90.59%。问卷涉及的企业共有 50 家，每家企业的受访对象有 17 人。研究人员在征得问卷发放对象的同意的情况下发送网址进行问卷调查。问卷内容包括企业类型、企业所在地区、员工人数、电商直播平台业务的开设情况、企业总资产等信息。

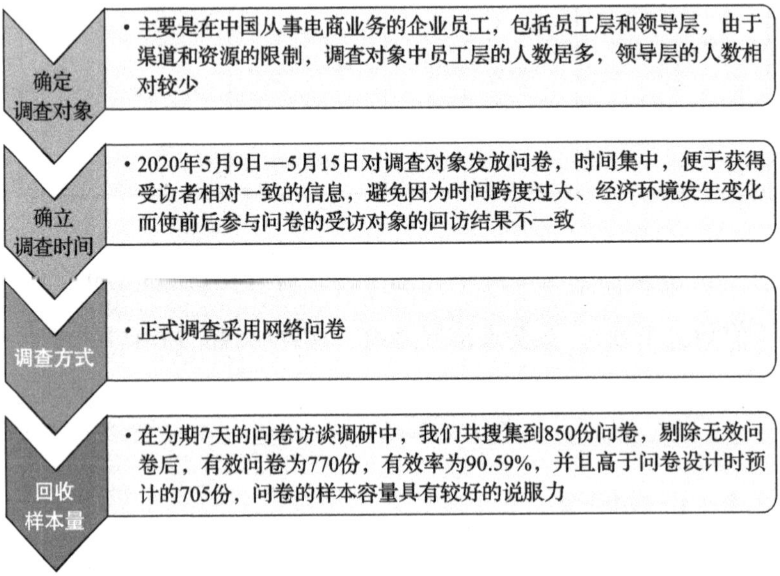

确定调查对象
- 主要是在中国从事电商业务的企业员工，包括员工层和领导层，由于渠道和资源的限制，调查对象中员工层的人数居多，领导层的人数相对较少

确立调查时间
- 2020年5月9日—5月15日对调查对象发放问卷，时间集中，便于获得受访者相对一致的信息，避免因为时间跨度过大、经济环境发生变化而使前后参与问卷的受访对象的回访结果不一致

调查方式
- 正式调查采用网络问卷

回收样本量
- 在为期7天的问卷访谈调研中，我们共搜集到850份问卷，剔除无效问卷后，有效问卷为770份，有效率为90.59%，并且高于问卷设计时预计的705份，问卷的样本容量具有较好的说服力

图 4-1　数据采集过程

（1）企业类型。

在调查的样本中，所属企业为中小型电商企业的有 209 人，占比 27.14%；所属企业为官方旗舰店的有 177 人，占比 22.99%；所属其他类企业的有 384 人，占比 49.87%。问卷基本覆盖了中国大部分成立五年以上的从事电商业务的企业，

如图 4-2 所示。

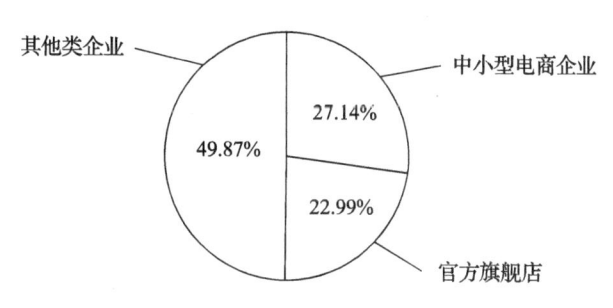

图 4-2 问卷调查的企业类型

（2）企业所在地区。

本次调查问卷涉及全国各地大部分成立五年以上的从事电商业务的企业，调研对象人数最多的是广东省、上海市、江苏省、浙江省、福建省，合计占比 86.15%，这些都是电子商务较发达的地区，如图 4-3 所示。

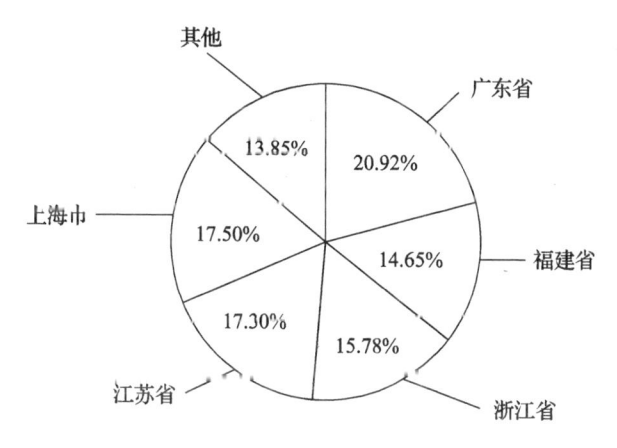

图 4-3 调查企业所在地区

(3）员工人数。

在调查的样本中，18.18%的受访对象所属企业人数在50人以下；38.97%的受访对象所属企业人数在51~100人之间；25.97%的受访对象所属企业人数在101~200人之间；6.75%的受访对象所属企业人数在201~500人之间；10.13%的受访对象所属企业人数在501人以上。总的来说，81.82%的受访对象所在企业的企业员工规模在50人以上，如表4-19所示。

表4-19 受访企业员工人数

受访企业的员工规模	小计（人）	占比（%）
50人以下	140	18.18
51~100人之间	300	38.97
101~200人之间	200	25.97
201~500人之间	52	6.75
501人以上	78	10.13
总计	770	100

（4）电商直播平台业务的开设情况。

在样本中，所属企业开设电商直播平台业务的有406人，占比52.73%；所属企业未开设电商直播平台业务的有364人，占比47.27%，如表4-20所示。

表 4-20 电商直播平台业务的开设情况

直播平台业务开设的情况	小计（人）	占比（%）
企业开设直播平台业务的人数	406	52.73
企业未开设直播平台业务的人数	364	47.27
总计	770	100

（5）企业总资产。

如图 4-4 所示，所属企业总资产为 1000 万元以下的有 116 人，占比 15.06%；所属企业总资产为 1000 万～1 亿元的有 370 人，占比 48.05%；所属企业总资产为 1 亿～5 亿元之间的有 122 人，占比 15.84%；所属企业总资产为 5 亿～20 亿元之间的有 62 人，占比 8.05%；所属企业总资产为 20 亿元以上的有 100 人，占比 12.99%。

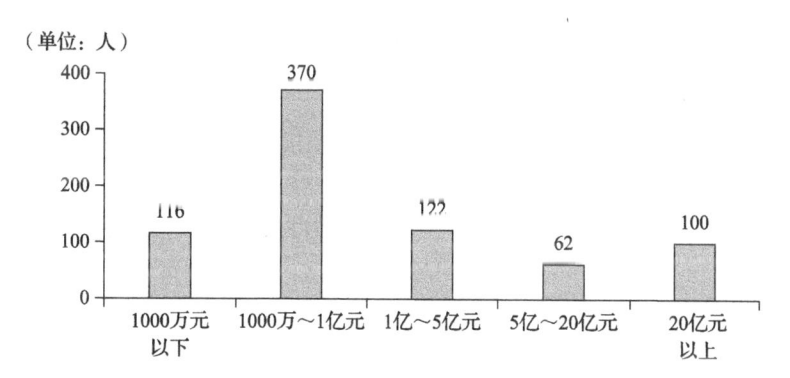

图 4-4 受访对象所属企业的总资产

4.3.2 信度检验

在评价量表的内部一致性时，若测量题项的 Cronbach's

α系数超过0.7，则说明信度符合要求。本书利用正式调查的有效问卷进行信度检验，各变量题项的Cronbach's α系数如表4-21所示。

表 4-21 正式调查题项的 Cronbach's α 系数

变量	维度	题项	Cronbach's α
网红带货（WH）	专业性	SP1	0.893
		SP2	
		SP3	
		SP5	
	感知互动性	PI2	
		PI3	
		PI4	
平台直播（PT）	平台可视化	PV1	0.868
		PV2	
		PV4	
		PV5	
用户体验（YH）	互动体验	IFE1	0.910
		IFE3	
		IFE4	
		IFE5	
	享乐体验	HE1	
		HE2	
		HE3	
		HE4	

续表

变量	维度	题项	Cronbach's α
企业绩效（JX）	财务绩效	FP1	0.943
		FP2	
		FP3	
		FP4	
		FP5	
	市场绩效	MP1	
		MP2	
		MP4	
		MP5	
		MP6	
质量文化（ZW）	质量价值观	QV1	0.926
		QV3	
	质量导向的沟通	QC1	
		QC3	
		QC4	
		QC5	
	客户导向	CO1	
		CO2	
		CO3	
平台技术（JS）	管理技术	MT2	0.934
		MT3	
		MT5	

续表

变量	维度	题项	Cronbach's α
平台技术（JS）	服务技术	ST1	0.934
		ST2	
		ST3	
		ST4	

由表 4-21 可知，所有变量的 Cronbach's α 值均大于 0.7，在要求范围之内，这表明网红带货量表、平台直播量表、用户体验量表、企业绩效量表、质量文化量表和平台技术量表的测量结果具有可靠性、稳定性和一致性，即正式调查题项的量表信度较好。

4.3.3 效度检验

效度检验的具体过程是对网红带货量表、平台直播量表、用户体验量表、质量文化量表、平台技术量表和企业绩效量表进行因子分析，按照特征值大于 1 的标准进行因子抽取，并用方差最大法进行因子旋转，如表 4-22 所示。

表 4-22 正式调查效度检验

变量	题目	因子载荷	特征值（解释方差 %）	KMO	Bartlett 球形检验（p 值）
网红带货（WH）	SP1	0.766	4.260（60.851%）	0.914	1280.786（3.1207E-258）
	SP2	0.782			

续表

变量	题目	因子载荷	特征值（解释方差%）	KMO	Bartlett 球形检验（p 值）
网红带货（WH）	SP3	0.783	4.260（60.851%）	0.914	1280.786（3.1207E-258）
	SP5	0.796			
	PI2	0.790			
	PI3	0.772			
	PI4	0.772			
平台直播（PT）	PV1	0.872	2.875（71.867%）	0.821	752.801（2.4205E-159）
	PV2	0.868			
	PV4	0.866			
	PV5	0.781			
用户体验（YH）	IFE1	0.774	4.917（61.463%）	0.939	1630.416（0.0E0）
	IFE3	0.829			
	IFE4	0.812			
	IFE5	0.756			
	HE1	0.788			
	HE2	0.782			
	HE3	0.723			
	HE4	0.802			
质量文化（ZW）	QV1	0.753	5.693（63.252%）	0.944	2156.667（0.0E0）
	QV3	0.732			
	QC1	0.753			
	QC3	0.816			
	QC4	0.827			

续表

变量	题目	因子载荷	特征值（解释方差%）	KMO	Bartlett球形检验（p值）
质量文化（ZW）	QC5	0.752	5.693（63.252%）	0.944	2156.667（0.0E0）
	CO1	0.811			
	CO2	0.863			
	CO3	0.839			
平台技术（JS）	MT2	0.846	5.022（71.738%）	0.941	1950.452（0.0E0）
	MT3	0.851			
	MT5	0.850			
	ST1	0.856			
	ST2	0.850			
	ST3	0.835			
	ST4	0.840			
企业绩效（JX）	FP1	0.843	6.621（66.210%）	0.940	2877.102（0.0E0）
	FP2	0.792			
	FP3	0.858			
	FP4	0.821			
	FP5	0.772			
	MP1	0.827			
	MP2	0.835			
	MP4	0.772			
	MP5	0.796			
	MP6	0.817			

由表 4-22 可知，网红带货量表、平台直播量表、用户体验量表、企业绩效量表、质量文化量表和平台技术量表在进行因子分析之后，KMO 检验结果均大于 0.70，显著性概率值均达到显著水平（p<0.001），说明网红带货、平台直播、用户体验、企业绩效、质量文化和平台技术的测量题目非常适合做因子分析。按特征值大于 1 的原则提取公共因子，各变量均只提取一个因子。所有变量题项的因子载荷均大于 0.7，说明网红带货、平台直播、用户体验、企业绩效、质量文化和平台技术提取出的公共因子与原始的测量项目之间存在较强的相关性。因此，正式调查量表的效度良好。

4.4 结构方程模型分析

在网红带货和平台直播对企业绩效影响理论模型的基础上，采用结构方程模型对 770 个样本进行实证分析，以检验网红带货和平台直播通过用户体验对企业的绩效产生影响的作用路径，同时，检验质量文化对该作用路径的调节作用，以及平台技术对企业绩效的直接影响，即检验第 3 章的理论假设 H1 至 H7 的正确性。

4.4.1 结构方程模型的建立

依据第 3 章建立的理论模型，构建实证分析所需的结构方程模型，如图 4-5 所示。

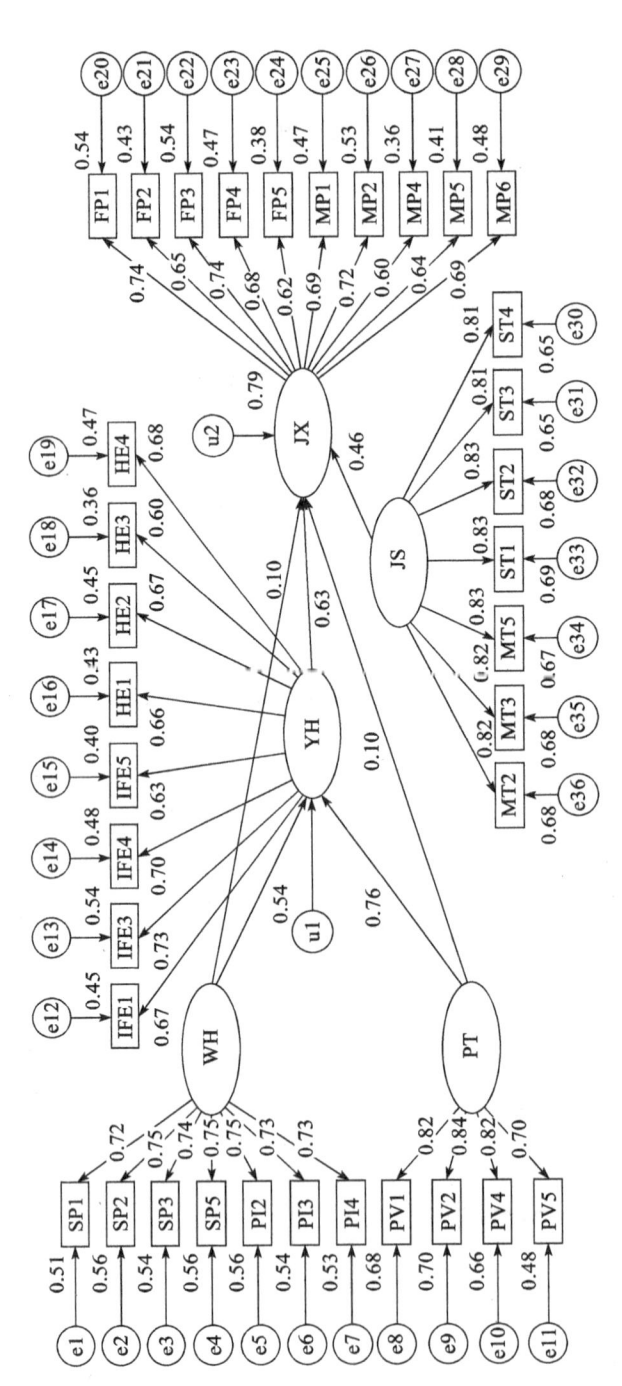

图 4-5 未加调节变量的结构方程模型

在图 4-5 中，大椭圆中的变量表示无法直接观测的潜在变量，其中，网红带货（WH）、平台直播（PT）、用户体验（YH）、平台技术（JS）、企业绩效（JX）都是潜在变量。矩形中的变量代表可以直接观测的观察变量，这些变量均对应着调查问卷量表中的测量项目，因此，也都有直接观测的数据。小圆圈中的变量代表随机误差项。在利用观察变量测量潜在变量时，由于随机误差的存在，测量可能不完全准确，于是对每个测量潜在变量的观察变量都需要引入一个随机误差项。同时，根据回归分析的知识可知，每当分析其中一个潜在变量对另一个潜在变量的影响时，同样需要引入随机误差项。

据此，可以写出结构方程模型的方程式。首先，结构方程模型路径图只考虑"电商直播模式→用户体验→企业绩效"的主路径分析。

结构方程如式（4-1）和式（4-2）所示：

$$YH = \alpha_1 WH + \alpha_2 PT + \mu_1 \qquad (4\text{-}1)$$

$$JX = \beta_1 YH + \beta_2 JS + \beta_3 WH + \beta_4 PT + \mu_2 \qquad (4\text{-}2)$$

其次，为了进一步探究质量文化这个调节变量的作用，结构方程模型路径图加入质量文化（ZW）这一调节变量，如图4-6所示。

除此之外，WH*ZL、PT*ZL、YH*ZL 分别表示网红带货与质量文化、平台技术与质量文化、用户体验与质量文化的交互乘积项，用来表示质量文化在电商直播模式对用户体验和用户体验对企业绩效影响过程中起到的调节作用。

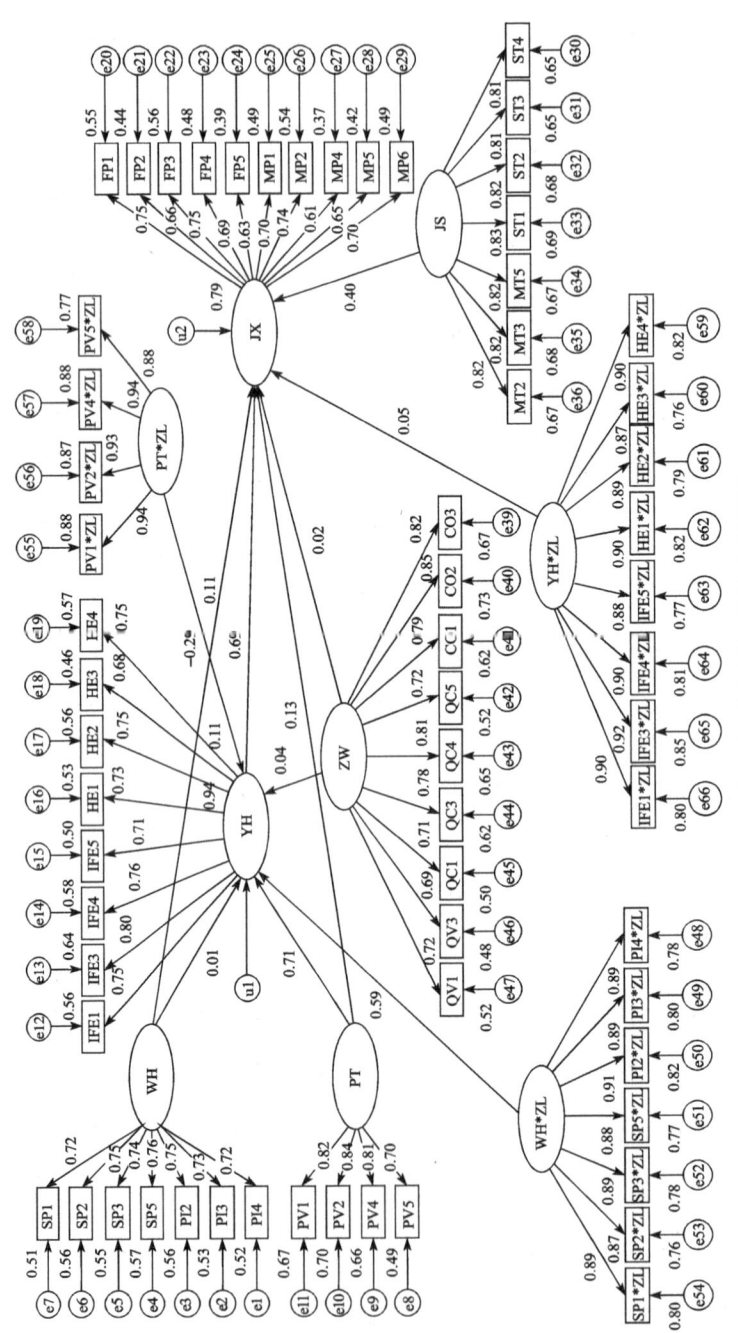

图 4-6 加入调节变量的结构方程模型

加入调节变量后结构方程模型的方程如式（4-3）和式（4-4）所示：

$$YH = \alpha_1 WH + \alpha_2 PT + \alpha_3 PT*ZL + \alpha_4 WH*ZL + \alpha_5 ZW + \mu_1 \quad （4-3）$$

$$JX = \beta_1 YH + \beta_2 JS + \beta_3 WH + \beta_4 PT + \beta_5 YH*ZL + \beta_6 ZW + \mu_2 \quad （4-4）$$

由于测量方程较多，以平台直播（PT）为例展示测量方程，其他潜在变量的测量方程与此类似，如式（4-5）所示：

$$\begin{cases} PV1 = \gamma_1 PT + e_{11} \\ PV2 = \gamma_2 PT + e_{10} \\ PV4 = \gamma_3 PT + e_9 \\ PV5 = \gamma_4 PT + e_8 \end{cases} \quad （4-5）$$

4.4.2 结构方程模型的参数估计

在对结构方程模型的参数进行估计时，将 WH → SP1、PT → PV1、YH → IFE1、ZW → CO3、JS → ST4、JX → FP1、WH*ZL → PI4*ZL、PT*ZL → PV1*ZL、YH*ZL → HE4*ZL 的路径系数设定为固定参数 1，以便减少自由参数的个数，同时使模型能够识别，这些设为 1 的路径系数不需要进行显著性检验。除此之外，本书还将潜在变量的方差设定为 1。

接着，采用极大似然法估计建立的结构方程模型，模型的估计结果可以分为两部分，一是表示潜在变量间相互影响关系的结构模型的估计结果，如表 4-23 所示；二是潜在变量对观察变量的测量模型的估计结果，如表 4-24 所示。

表 4-23　结构模型的估计结果

路径	未加调节变量 系数	标准误	p 值	标准化系数	加入调节变量 系数	标准误	p 值	标准化系数
WH→YH	0.460	0.045	***	0.539	0.012	0.026	0.645	0.012
PT→YH	0.563	0.044	***	0.762	0.744	0.058	***	0.714
ZW→YH	—	—	—	—	0.034	0.025	0.162	0.036
PT*ZL→YH	—	—	—	—	−0.191	0.019	***	−0.285
WH*ZL→YH	—	—	—	—	0.426	0.028	***	0.590
YH→JX	0.599	0.158	***	0.630	0.549	0.051	***	0.691
WH→JX	0.077	0.078	0.322	0.095	0.091	0.027	***	0.114
PT→JX	0.074	0.093	0.426	0.105	0.105	0.041	0.009	0.127
JS→JX	0.322	0.030	***	0.458	0.286	0.028	***	0.396
ZW→JX	—	—	—	—	0.012	0.025	0.621	0.016
YH*ZL→JX	—	—	—	—	0.026	0.017	0.129	0.047

表 4-24 测量模型的估计结果

路径	未加调节变量					加入调节变量			
	系数	标准误	p值	标准化系数	系数	标准误	p值	标准化系数
WH→SP1	1	—	—	0.716	0.956	0.072	***	0.717
WH→SP2	1.129	0.081	***	0.751	1.071	0.077	***	0.745
WH→SP3	1.095	0.080	***	0.736	1.055	0.076	***	0.742
WH→SP5	1.038	0.078	***	0.748	1.055	0.075	***	0.758
WH→PI2	1.052	0.076	***	0.748	1.015	0.073	***	0.748
WH→PI3	1.021	0.075	***	0.732	0.967	0.072	***	0.725
WH→PI4	1.051	0.078	***	0.727	1	—	—	0.724
PT→PV1	1	—	—	0.822	1.140	0.077	***	0.817
PT→FV2	1.012	0.054	***	0.835	1.167	0.077	***	0.839
PT→FV4	0.995	0.055	***	0.815	1.139	0.077	***	0.813
PT→FV5	0.870	0.059	***	0.695	1	—	—	0.696
YH→FE1	1	—	—	0.673	1	—	—	0.746

续表

路径	未加调节变量				加入调节变量			
	系数	标准误	p值	标准化系数	系数	标准误	p值	标准化系数
YH → IFE3	1.105	0.085	***	0.734	1.105	0.068	***	0.800
YH → IFE4	1.097	0.089	***	0.695	1.094	0.071	***	0.763
YH → IFE5	0.989	0.088	***	0.630	0.988	0.070	***	0.706
YH → HE1	1.008	0.086	***	0.655	1.009	0.069	***	0.731
YH → HE2	1.058	0.088	***	0.674	1.056	0.070	***	0.745
YH → HE3	0.894	0.083	***	0.597	0.896	0.066	***	0.677
YH → HE4	1.045	0.086	***	0.684	1.040	0.068	***	0.752
JX → FP1	1	—	—	0.736	1	—	—	0.745
JX → FP2	0.942	0.075	***	0.653	0.941	0.073	***	0.662
JX → FP3	1.021	0.071	***	0.737	1.021	0.069	***	0.746
JX → FP4	0.950	0.072	***	0.634	0.950	0.070	***	0.694
JX → FP5	0.963	0.081	***	0.618	0.963	0.079	***	0.628
JX → MP1	1.022	0.077	***	0.688	1.021	0.075	***	0.697

续表

路径	未加入调节变量				加入调节变量			
	系数	标准误	p值	标准化系数	系数	标准误	p值	标准化系数
JX → MP2	1.016	0.072	***	0.725	1.017	0.070	***	0.735
JX → MP4	0.893	0.078	***	0.597	0.893	0.076	***	0.607
JX → MP5	0.944	0.077	***	0.640	0.944	0.074	***	0.650
JX → MP6	0.984	0.074	***	0.691	0.985	0.071	***	0.702
JS → NT2	0.998	0.054	***	0.822	0.997	0.054	***	0.821
JS → NT3	1.002	0.054	***	0.824	1.002	0.054	***	0.824
JS → NT5	0.975	0.053	***	0.818	0.975	0.053	***	0.819
JS → ST1	0.980	0.052	***	0.829	0.980	0.052	***	0.829
JS → ST2	1.018	0.054	***	0.825	1.017	0.054	***	0.825
JS → ST3	0.976	0.054	***	0.806	0.975	0.054	***	0.806
JS → ST4	1	—	—	0.807	1	—	—	0.807
ZW → QV1	—	—	—	—	0.981	0.063	***	0.719
ZW → QV3	—	—	—	—	0.931	0.063	***	0.690

续表

路径	未加入调节变量				加入调节变量			
	系数	标准误	p值	标准化系数	系数	标准误	p值	标准化系数
ZW → QC1	—	—	—	—	0.904	0.059	***	0.708
ZW → QC3	—	—	—	—	1.011	0.057	***	0.785
ZW → QC4	—	—	—	—	1.011	0.055	***	0.805
ZW → QC5	—	—	—	—	0.952	0.061	***	0.718
ZW → CO1	—	—	—	—	1.007	0.056	***	0.790
ZW → CO2	—	—	—	—	1.038	0.052	***	0.852
ZW → CO3	—	—	—	—	1	—	—	0.818
WH*ZL → SP1*ZL	—	—	—	—	1.002	0.038	***	0.894
WH*ZL → SP2*ZL	—	—	—	—	0.993	0.040	***	0.873
WH*ZL → SP3*ZL	—	—	—	—	1.025	0.040	***	0.886
WH*ZL → SP5*ZL	—	—	—	—	0.995	0.039	***	0.879
WH*ZL → PI2*ZL	—	—	—	—	1.018	0.037	***	0.906
WH*ZL → PI3*ZL	—	—	—	—	0.996	0.038	***	0.892

续表

路径	未加调节变量 系数	未加调节变量 标准误	未加调节变量 p值	未加调节变量 标准化系数	加入调节变量 系数	加入调节变量 标准误	加入调节变量 p值	加入调节变量 标准化系数
WH*ZL → PI4*ZL	—	—	—	—	1	—	—	0.885
PT*ZL → PV1*ZL	—	—	—	—	1	—	—	0.937
PT*ZL → PV2*ZL	—	—	—	—	0.973	0.028	***	0.932
PT*ZL → PV4*ZL	—	—	—	—	0.986	0.028	***	0.936
PT*ZL → PV5*ZL	—	—	—	—	0.913	0.032	***	0.875
YH*ZL → FE1*ZL	—	—	—	—	0.993	0.035	***	0.896
YH*ZL → FE3*ZL	—	—	—	—	1.044	0.034	***	0.923
YH*ZL → FE4*ZL	—	—	—	—	1.029	0.036	***	0.902
YH*ZL → FE5*ZL	—	—	—	—	0.988	0.037	***	0.878
YH*ZL → HE1*ZL	—	—	—	—	1.024	0.036	***	0.903
YH*ZL → HE2*ZL	—	—	—	—	1.014	0.037	***	0.891
YH*ZL → HE3*ZL	—	—	—	—	0.949	0.036	***	0.874
YH*ZL → HE4*ZL	—	—	—	—	1	—	—	0.903

根据表4-23给出的结构模型的路径系数估计结果及其显著性检验结果可知：

（1）在其他变量不变的条件下，未加入调节变量时，网红带货对企业绩效的影响系数为0.095，属于正向影响，但不显著。而在加入调节变量后，网红带货对企业绩效的影响系数为0.114，显示为显著的正向影响，说明企业采用网红带货的营销模式会增加企业绩效。

（2）在其他变量不变的条件下，未加入调节变量时，平台直播对企业绩效的影响系数为0.105，属于正向影响，但不显著。而在加入调节变量后，平台直播对企业绩效的影响系数为0.127，显示为显著的正向影响，表明企业采用平台直播的营销模式能提高企业的绩效水平。

（3）在其他变量不变的条件下，未加入调节变量时，用户体验对企业绩效的影响系数为0.630，加入后影响系数为0.691。但无论是否加入调节变量，用户体验对企业绩效的影响都为正向显著。加入调节变量后，用户体验对企业绩效的影响更明显。

（4）在其他变量不变的条件下，未加入调节变量时，网红带货对用户体验的影响系数为0.539，加入后影响系数为0.012，显示影响不显著。而在未加入调节变量时，平台直播对用户体验的影响系数为0.762，加入后影响系数为0.714。无论是否加入调节变量，平台直播对用户体验的影响都为正向显著。根据影响系数大小，可看出平台直播对用户体验的影响明显大于网红带货。

（5）质量文化在电商直播模式对用户体验影响过程中起调节作用。网红带货与质量文化的交互项 WH*ZL 的影响系数为 0.590 且显著，说明质量文化在网红带货对用户体验的影响过程中产生正向调节作用。平台直播与质量文化的交互项 PT*ZL 的系数为 −0.285 且显著，说明质量文化在平台直播对用户体验的影响过程中产生负向调节作用。

（6）质量文化在用户体验对企业绩效的影响过程中起调节作用。用户体验与质量文化的交互项 YII*ZW 的影响系数为 0.047，然而并不显著（p=0.129>0.05），即质量文化在用户体验对企业绩效的影响过程中没有显著的调节作用。

（7）在其他变量不变的条件下，未加入调节变量时，平台技术对企业绩效的影响系数为 0.458。加入调节变量后影响系数为 0.396。无论是否加入调节变量，平台技术对企业绩效的影响都为正向显著，说明企业的平台技术越好，越有利于提高企业绩效。

表 4-24 给出的是测量模型的路径系数估计结果及显著性检验结果，包括网红带货（WH）对其观察变量的 7 条路径、平台直播（PT）对其观察变量的 1 条路径、用户体验（YII）对其观察变量的 8 条路径、企业绩效（JX）对其观察变量的 10 条路径、平台技术（JS）对其观察变量的 7 条路径、质

文化（ZW）对其观察变量的9条路径、网红带货与质量文化交互项（WH*ZL）对其观察变量的7条路径、平台直播与质量文化交互项（PT*ZL）对其观察变量的4条路径、用户体验与质量文化交互项（YH*ZL）对其观察变量的8条路径。这些测量路径均显著，说明了观察变量对潜在变量的测量都是有效的。

4.4.3 结构方程模型的评价

在得到结构方程模型的估计结果之后，需要检验模型对样本数据的拟合效果。如果拟合效果好，则可以直接得到结果；如果拟合不好，还需要进一步对模型进行修正，然后再分析各变量对电商企业绩效的影响。

结构方程模型评价的基本思路是：先利用样本值估计出结构方程模型中的未知参数，然后根据估计后的模型求解，观察变量之间的相关系数矩阵，同时，利用样本可以直接计算观察变量之间的样本的相关系数矩阵。这两个相关系数矩阵在理论上应当相等，我们可以通过比较两个矩阵构造检验统计量来评价模型的拟合程度，因此，就出现了拟合优度指标GFI、调整自由度的GFI指标AGFI、近似误差均方根RMSEA、本特勒的比较拟合指数CFI、相对拟合指数NFI、相对拟合指数IFI、AIC准则、CAIC准则等评价指标，利用这些指标就能大致评价模型的拟合优劣，如表4-25所示。

表 4-25 结构方程模型的评价结果

评价指标	评价准则	未加调节变量 指标值	未加调节变量 评价结果	加入调节变量 指标值	加入调节变量 评价结果
GFI	越接近1越好	0.750	一般	0.763	一般
AGFI	越大越好	0.717	一般	0.724	一般
RMSEA	越小越好	0.089	一般	0.079	较好
CFI	越接近1越好	0.841	较好	0.856	较好
NFI	越接近1越好	0.800	较好	0.827	较好
IFI	越接近1越好	0.842	较好	0.859	较好
AIC 准则	达到最小值最好	3621.662	—	2525.886	—
CAIC 准则	达到最小值最好	3648.609	—	2912.239	—

结构方程模型的评价结果显示：在加入调节变量之前，GFI、AGFI 和 RMSEA 指标显示模型的拟合效果一般，CFI、NFI 和 IFI 指标显示模型的拟合效果较好。在当前条件下，无法直接从 AIC 准则和 CAIC 准则的数值观察模型的拟合效果。因此，从总体上看，理论模型与观察数据的整体适配度较好。

加入质量文化这个调节变量后，GFI、AGFI、CFI、NFI 和 IFI 这些绝对拟合指标相比于未加入调节变量而言有显著提高。另外，近似误差均方根 RMSEA 为 0.079，小于 0.08。绝对拟合指标均在可接受的范围，表明理论模型与观察数据的整体适配度更佳。加入调节变量后，AIC 准则和 CAIC 准则的数值也明显下降，拟合效果更优。

4.4.4 实证结果

为了深入探究数字经济背景下电商直播模式对企业绩效的影响，本书应用 Amos 软件，分析相关变量对中介变量用户体验和因变量企业绩效的影响（直接影响和间接影响），如表 4-26 所示。

表 4-26 用户体验与企业绩效的影响变量分解

原因变量	结果变量	未加调节变量			加入调节变量		
		直接影响	间接影响	总影响	直接影响	间接影响	总影响
WH	YH	0.539	0.000	0.539	0.012	0.000	0.012
PT		0.762	0.000	0.762	0.714	0.000	0.714
ZW		—	—	—	0.036	0.000	0.036
WH*ZL		—	—	—	0.590	0.000	0.590
PT*ZL		—	—	—	−0.285	0.000	−0.285
WH	JX	0.095	0.339	0.434	0.114	0.008	0.122
PT		0.105	0.480	0.585	0.127	0.493	0.620
ZW		—	—	—	0.016	0.025	0.041
WH*ZL		—	—	—	0.000	0.408	0.408
PT*ZL		—	—	—	0.000	−0.197	−0.197
YH		0.630	0.000	0.630	0.691	0.000	0.691
YH*ZL		—	—	—	0.047	0.000	0.047
JS		0.458	0.000	0.458	0.396	0.000	0.396

表 4-26 主要包括三个方面的内容：一是验证理论假设的正确性，分析相关变量直接影响或间接影响结果变量的路径及其强度；二是自变量网红带货和平台直播、中介变量用户体验、调节变量质量文化、控制变量平台技术及其交互项等变量对企业绩效的直接影响和间接影响；三是自变量网红带货和平台直播、调节变量质量文化及其交互项等变量对中介变量用户体验的直接影响和间接影响。

从表 4-26 中可以得出如下结论：

（1）自变量网红带货和平台直播对企业绩效产生正向影响。

实证分析结果表明，自变量网红带货和平台直播对因变量企业绩效会产生正向影响，以间接影响为主、直接影响为辅，假设 H1 成立。

一是在未加入调节变量质量文化的条件下，自变量网红带货和平台直播对因变量企业绩效的直接影响系数分别是 0.095 和 0.105；在加入调节变量质量文化的条件下，自变量网红带货和平台直播对因变量企业绩效的直接影响系数分别增至 0.114 和 0.127，表明自变量网红带货和平台直播对因变量企业绩效的直接影响显著，但直接影响强度不大，只是作为企业提升用户体验进而增加市场份额、增强用户黏性等网络营销的手段，是一种"调味剂"，并非企业市场运营的主流模式。

二是在未加入调节变量质量文化的条件下，自变量网红带货和平台直播对因变量企业绩效的间接影响系数分别是 0.339 和 0.480；在加入调节变量质量文化的条件下，自变量网红带货和平台直播对因变量企业绩效的间接影响系数分别是 0.008 和 0.493，表明自变量网红带货和平台直播对因变量企业绩效的间接影响显著，影响强度较大，网红带货和平台直播等电商直播模式具有强大的生命力，能够迅速提高用户的基数、纯度和黏性等，成为企业新的利润增长点。

三是在调节变量质量文化的调节作用下，自变量网红带货对因变量企业绩效的间接影响系数由 0.339 降至 0.008，表明产品或服务的质量问题目前仍是网红带货的痛点问题。

由于网红带货和平台直播对因变量企业绩效会产生正向影响，可知企业采取电商直播的营销模式会对企业提升业绩能力具有一定的帮助。因此，在电商直播模式与互联网先进技术的逐步深入结合的情形下，为了更有效地促进企业绩效的提高，企业需要重视电商直播模式的创新。一方面，影响网红带货的关键要素就是直播的优质内容，企业需要不断提高商品的质量，完善直播购物的相关服务、加强对主播素质的培训及优化直播购物的商品种类；另一方面，在进行电商直播模式的构建过程中，要注重电商平台机制的完善与巩固，最终以提高用户体验和企业绩效为目标。

（2）自变量网红带货和平台直播对用户体验产生正向影响。

实证分析结果表明，网红带货和平台直播对用户体验存在正向影响，与假设相符；自变量平台直播对中介变量用户体验的直接影响明显大于自变量网红带货，假设 H2 成立。

一是在未加入调节变量质量的条件下，网红带货、平台直播对用户体验的直接影响系数分别是 0.539 和 0.762，即自变量网红带货、平台直播对中介变量用户体验产生直接的正向影响。

二是在加入调节变量质量文化的条件下，自变量网红带货和平台直播对用户体验的直接影响系数分别由 0.539、0.762 减少为 0.012、0.714，但自变量网红带货、平台直播仍对中介变量用户体验产生正向影响。

三是在加入调节变量质量文化的条件下，自变量网红带货、平台直播对中介变量用户体验的影响产生一定的变化，表明调节变量质量文化的调节作用显著，特别是对"网红带货→用户体验"的调节作用明显。

因此，在大数据、云计算、5G 等数字技术的广泛使用下，企业可以根据用户的消费喜好和购物习惯，充分利用网红带货和平台直播这两种模式，加强企业与用户的交流互动，增强用户在线上购物的体验感。比如，引进大数据分析技术，了解观看直播用户群体的兴趣点，以便迎合用户的喜好。还可以引进 VR（虚拟现实）技术，创新电商直播模式，让用户获得更多的体验感和真实感，以及增强用户对网上购物的信任度。同时，在网红带货和平台直播过程中，特别要注意产品或服务的质量、网红（平台）的素质和能力等问题，避免负面的网络口碑效应。

（3）中介变量用户体验对因变量企业绩效产生正向影响。

实证分析结果表明，中介变量用户体验对因变量企业绩效存在正向影响，与假设相符，假设 H3 成立。

一是在未加入调节变量质量文化的条件下，中介变量用户体验对因变量企业绩效的影响系数为 0.630，中介变量用户体验对因变量企业绩效产生正向影响。

二是在加入调节变量质量文化的条件下，中介变量用户体验对企业绩效的影响系数由 0.630 增至 0.691，表明中介变量用户体验对因变量企业绩效产生正向影响，调节变量质量文化的调节作用显著。

三是无论加不加调节变量质量文化，中介变量用户体验对因变量企业绩效的正向影响系数都比较大，表明中介变量用户体验的中介作用显著，是提高企业绩效的重要路径。

因此，在生活水平不断提高的今天，用户对产品的需求已经不只是满足于商品的功能和价格，而且对心理需求提出了更高的标准。一方面，企业应该从用户需求与用户体验的角度出发，在直播营销活动中注重打造用户的归属感；另一方面，数字数据技术的不断升级为企业满足用户的需求增添了强大的助力，借助人工智能、VR 等技术，电商可以与用户进行无障碍的互动,能帮助企业不断提高用户对产品和服务的总体满意度,进而拉动用户的购买力,最终提高企业绩效。

(4)调节变量质量文化在"网红带货→用户体验"路径中具有正向调节作用。

实证分析结果表明,调节变量质量文化本身对用户体验产生正向直接影响,在网红带货对用户体验的影响过程中具有正向的直接调节作用,假设H4成立。

一是自变量网红带货与调节变量质量文化的交互项WH*ZL的直接影响系数为0.590,表明调节变量质量文化的正向调节作用显著。如果企业具备优秀的质量文化,那么网红带货对用户体验的提高作用很大。

二是调节变量质量文化对中介变量用户体验的正向间接影响系数为0.036,表明电商企业的质量文化越优秀,用户体验越高。究其原因就是消费者在线上购物更加注重产品质量、服务质量和物流能力等,而优秀的质量文化可以提高消费者对该电商企业产品的质量认可。

因此,企业在运用电商直播模式进行产品的销售时,一方面,要注重提供差异化、高质量的产品和相关服务,培养高素质的主播来呈现优质的直播内容;另一方面,企业要加大质量文化建设,增强员工对产品和服务的质量意识,以提高品牌知名度和企业的价值。

(5)调节变量质量文化在"平台直播→用户体验"路径

中具有负向调节作用。

实证分析结果表明，调节变量质量文化对用户体验产生正向直接影响，在网红带货对用户体验的影响过程中具有负向调节作用，假设 H5 不成立。

自变量平台直播与调节变量质量文化的交互项 PT*ZL 的直接影响系数为 –0.285，表明企业的质量文化在平台直播对用户体验的影响过程中起负向调节作用，平台与观看直播的用户之间的质量文化差异越大，平台直播对用户体验的促进作用就越小。反之，在直播过程中，质量文化差距越小，直播的产品或服务越能吸引消费者来购买。

因此，企业在平台直播时，要根据用户的需求提供优质的产品与服务，从消费者的质量价值观来考虑如何缩小质量文化差距。在这个方面，企业可以先调查出用户对产品感兴趣的点及对产品的质量要求，如产品的实用功能等，在了解用户的兴趣点与要求的基础上，通过这些兴趣点和要求在平台直播时与用户进行互动，抓住用户的痛点，真正打动用户，激发用户互动的欲望。如此便可以增强和用户互动的深度，直播才会受到用户的喜欢，用户体验才会提高。

（6）调节变量质量文化在"用户体验→企业绩效"的路径中无显著的调节作用。

实证分析结果表明，调节变量质量文化对企业绩效产生正向影响，同时具有直接和间接的影响。而质量文化在中介变量用户体验对因变量企业绩效的影响过程中无显著的调节作用，假设 H6 不成立。

中介变量用户体验与调节变量质量文化的交互项 YH*ZL 的直接影响系数为 0.047。但在结构方程模型的参数估计中，交互项 YH*ZL 对企业绩效的影响并不显著（$p=0.129>0.05$），这表明企业的质量文化在用户体验对企业绩效的影响过程中无显著的调节作用。质量文化只是体现出企业对产品或服务的质量价值观，而这种质量价值观只有转化为高质量的产品或服务时，才能让用户的各方面体验得到提升，进而实现销量的提高、绩效的增长。质量文化作为企业对质量的一种认知，其本身并不能影响用户的主观感受，体现的只是企业自身对质量的态度，因此，质量文化对用户体验与企业绩效的关系无调节作用。

基于此，企业在加强质量文化建设的同时，也需要将形成的质量文化融入现实产品的生产中。

（7）平台技术对企业绩效存在正向直接影响。

实证分析结果表明，控制变量平台技术对因变量企业绩效会产生正向影响，这种影响全部表现为直接影响，假设 H7 成立。

在未加入调节变量质量文化的条件下，控制变量平台技术对因变量企业绩效的直接影响系数是 0.458；在加入调节变量质量文化的条件下，控制变量平台技术对因变量企业绩效的直接影响系数降至 0.396，这表明质量文化对用户购买欲望的影响力会降低由平台技术先进而提高的销量。

因此,电商企业在通过平台技术升级来提高企业绩效的同时,也需要重视企业质量文化的提高。一方面,在直播实践中,以企业的供应链和价值链融合与重构为基础,严格把控产品的质量标准,满足用户的质量需求;另一方面,要注重完善直播的软硬件技术设备,实现高质量的产品展示＋流畅、先进的直播画面与简便的购物流程,打造优质的直播。

依据以上的实证分析对理论假设的正确与否进行汇总,如表 4-27 所示。

表 4-27　实证结果汇总

假设	结果	影响方式
假设 H1：电商直播模式对企业绩效产生正向影响,即网红带货、平台直播对企业绩效呈正向影响	成立	正向影响
假设 H2：网红带货和平台直播对用户体验产生正向影响	成立	正向影响
假设 H3：用户体验对企业绩效产生正向影响	成立	正向影响
假设 H4：企业的质量文化在网红带货对用户体验的影响过程中起正向调节作用	成立	正向调节
假设 H5：企业的质量文化在平台直播对用户体验的影响过程中起正向调节作用	不成立	负向调节
假设 H6：企业的质量文化在用户体验对企业绩效的影响过程中起正向调节作用	不成立	无显著调节
假设 H7：平台技术对企业的绩效产生正向影响	成立	正向影响

4.5 基于 Process 的模型验证

鉴于模型比较复杂，加入调节变量的模型用 SEM 较难拟合，而基于 Process 的有调节的模型检验结果能够一步到位，能避免层级堆积和模型复杂，因此，采用基于 Process 的模型验证方法。采用 SPSS 宏程序 Process 插件对有调节的中介模型进行检验，为了提高分析的准确性，进行自助抽样，设置 Bootstrapping 值为 5000，并选择 Model 58 进行检验。当自变量为网红带货（WH）时，检验结果如表 4-28 所示。

由表 4-28 可知，将质量文化（ZW）放入模型后，网红带货与质量文化的乘积项（WH*ZW）对互动体验（IFE）的预测作用不显著（$\beta = 0.040$，$t = 1.309$，$p>0.05$）；网红带货与质量文化的乘积项（WH*ZW）对享乐体验（HE）的预测作用显著（$\beta = 0.085$，$t = 2.850$，$p<0.001$）；互动体验与质量文化的乘积项（IFE*ZW）和享乐体验与质量文化的乘积项（HE*ZW）对财务绩效（FP）的预测作用均不显著（$\beta = 0.058$，$t = 1.209$，$p>0.05$；$\beta = -0.069$，$t = -1.337$，$p>0.05$）；互动体验与质量文化的乘积项（IFE*ZW）和享乐体验与质量文化的乘积项（HE*ZW）对市场绩效（MP）的预测作用也不显著（$\beta = 0.037$，$t = 0.746$，$p>0.05$；$\beta = -0.056$，$t = -1.052$，$p>0.05$）。

当自变量为平台直播（PT）时，检验结果如表 4-29 所示。

表 4-28 自变量为网红带货有调节的中介模型检验

	IFE β	IFE t值	HE β	HE t值	FP β	FP t值	MP β	MP t值
constant	0.001	0.003	-0.160	-0.738	2.710	14.644***	2.602	13.648***
WH	0.598	11.778***	0.611	12.363***	0.246	4.738***	0.140	2.617**
ZW	0.357	5.415***	0.277	4.315***	0.091	1.598	0.110	1.866
JS	-0.006	-0.097	0.032	0.542	0.222	4.434***	0.255	4.959***
WH*ZW	0.040	1.309	0.085	2.850***	—	—	—	—
IFE	—	—	—	—	0.230	4.762***	0.286	5.746***
HE	—	—	—	—	0.192	3.849***	0.182	3.536***
IFE*ZW	—	—	—	—	0.058	1.209	0.037	0.746
HE*ZW	—	—	—	—	-0.069	-1.337	-0.056	-1.052
R2	0.660		0.658		0.752		0.741	
F	184.021		183.131		163.593		153.693	

注：*** 表示 p<0.001；** 表示 p<0.01；* 表示 p<0.05。

表 4-29 自变量为平台直播有调节的中介模型检验

	IFE β	IFE t值	HE β	HE t值	FP β	FP t值	MP β	MP t值
constant	-0.459	-2.320*	-0.641	-3.205**	2.467	13.811***	2.460	13.287***
PT	0.630	5.227***	0.599	14.306***	0.285	5.734***	0.178	3.461***
ZW	0.200	3.139**	0.146	2.267*	0.054	0.948	0.085	1.429
JS	0.121	2.264*	0.167	3.078**	0.286	5.933***	0.293	5.856***
PT*ZW	0.029	1.155	0.059	2.326*	—	—	—	—
IFE	—	—	—	—	0.183	3.676***	0.253	4.901***
HE	—	—	—	—	0.165	3.295**	0.161	3.099**
IFE*ZW	—	—	—	—	0.052	1.092	0.033	0.677
HE*ZW	—	—	—	—	-0.051	-1.004	-0.046	-0.862
R2	0.712		0.688		0.759		0.744	
F	235.153		209.588		169.268		156.466	

注：*** 表示 p<0.001；** 表示 p<0.01；* 表示 p<0.05。

由表 4-29 可知，将质量文化（ZW）放入模型后，平台直播与质量文化的乘积项（PT*ZW）对互动体验（IFE）的预测作用不显著（$\beta = 0.029$，$t = 1.155$，$p>0.05$）；平台直播与质量文化的乘积项（PT*ZW）对享乐体验（HE）的预测作用显著（$\beta = 0.059$，$t = 2.326$，$p<0.05$）；互动体验与质量文化的乘积项（IFE*ZW）和享乐体验与质量文化的乘积项（HE*ZW）对财务绩效（FP）的预测作用均不显著（$\beta = 0.052$，$t = 1.092$，$p>0.05$；$\beta = -0.051$，$t = -1.004$，$p>0.05$）；互动体验与质量文化的乘积项（IFE*ZW）和享乐体验与质量文化的乘积项（HE*ZW）对市场绩效（MP）的预测作用也不显著（$\beta = 0.033$，$t = 0.677$，$p>0.05$；$\beta = -0.046$，$t = -0.862$，$p>0.05$）。

从上述对有调节的中介模型的检验可发现，质量文化在网红带货→享乐体验、平台直播→享乐体验的路径中起正向调节作用。而质量文化在网红带货→互动体验、平台直播→互动体验、互动体验→财务绩效、互动体验→市场绩效、享乐体验→财务绩效、享乐体验→市场绩效这些路径中均不起调节作用。因此，进一步画出质量文化在网红带货→享乐体验、平台直播→享乐体验路径中的调节效应图，如图 4-7 和图 4-8 所示。

由图 4-7 可知，无论质量文化高低，享乐体验都随着网红带货的增高而提升，但是在低质量文化的影响下，网红带货与享乐体验间的关系相对较弱；在高质量文化的影响下，两者间的关系明显增强，说明质量文化在网红带货→享乐体验路径中的正向调节效应显著。

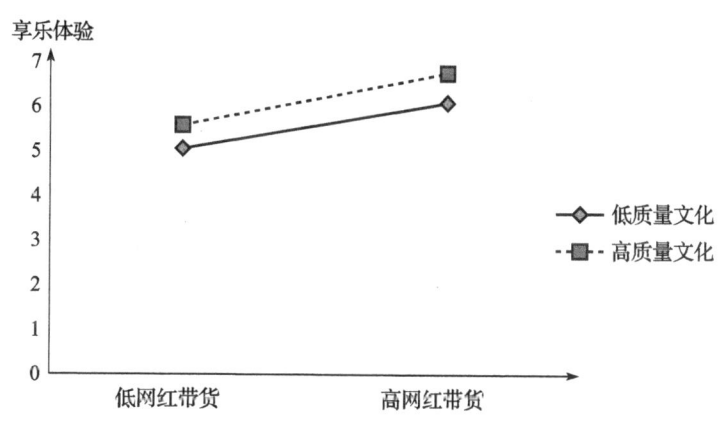

图 4-7　质量文化在网红带货与享乐体验间的调节效应

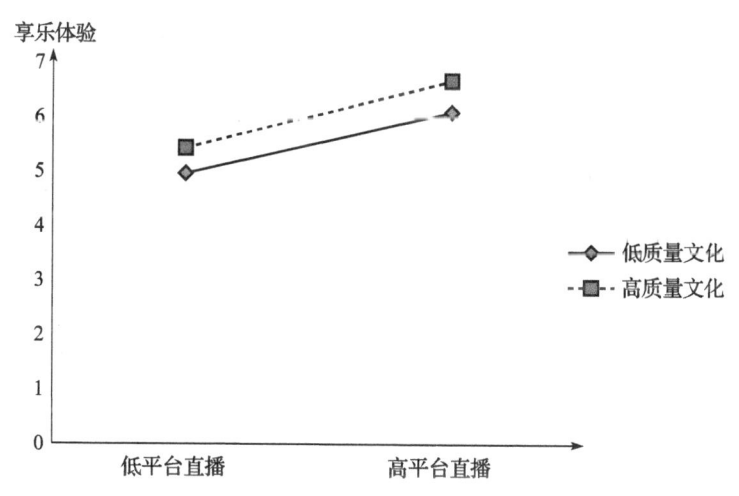

图 4-8　质量文化在平台直播与享乐体验间的调节效应

由图 4-8 可知，无论质量文化高低，享乐体验都随着平台直播的增高而提升，但是在低质量文化的影响下，平台直播与享乐体验间的关系相对较弱；在高质量文化的影响下，两者间的关系明显增强，说明质量文化在平台直播→享乐体验路径中的正向调节效应显著。

综上所述，质量文化只在网红带货→享乐体验、平台直播→享乐体验这两条路径中起正向调节作用，而在其余路径中起到的调节作用不显著。究其原因如下：享乐体验包含购买时和使用产品时的体验，而且购买时的享乐体验是相对短暂的，而使用产品时的体验伴随产品的整个使用过程。当企业的质量文化程度低时，产品质量不能达到消费者的预期，消费者在使用产品时的享乐体验较差。采用网红带货和平台直播的方式虽然可以提高消费者在购买时短期的享乐体验，但由于产品的质量问题导致消费者使用产品时的享乐体验较差，消费者整体享乐体验提升有限。所以，此时的网红带货和平台直播对享乐体验的影响较弱。而当企业的质量文化程度较高时，产品质量达到消费者的预期，消费者的享乐体验较好。此时，采用网红带货和平台直播对消费者在使用产品时的享乐体验影响较强，因此，其整体享乐体验水平也更高。所以，随着质量文化的提高，网红带货和平台直播对享乐体验的影响更大。即质量文化正向调节网红带货和平台直播对享乐体验的影响。

相比享乐体验，互动体验更多是指消费者在购买时的短期体验，并不涉及后续使用时的体验，因此，更易受购买时情景的影响。网红带货和平台直播可以提高消费者的互动体验，而产品质量带来的使用体验产生于购买后的使用环节，其水平的高低难以影响网红带货、直播平台与互动体验的关系。即企业的质量文化不能调节网红带货和平台直播对互动体验的影响。

4.6 本章小结

在第 3 章理论模型和理论假设的基础上，本章通过预调查修正问卷、正式调查采集数据和结构方程模型分析，所得的结论基本符合第 3 章提出的理论假设，结果具有较好的一致性。本章阐述了调查方案设计的过程，包括确定调查对象及目的，确定抽样方法及样本容量、问卷的量表开发设计和发放回收。在此基础上，分别进行预调查和正式调查，阐明问卷数据的基本情况。最后，对 770 份有效数据进行分析，包括结构模型和测量模型的估计，并用多个拟合优度指标对结构方程模型进行评价，同时对实证结果进行分析。

第5章
CHAPTER 5
创新策略与对策建议

本章在对电商直播模式、用户体验、质量文化和企业绩效进行相关文献分析及利用实证模型进行论证的基础上，进一步提出企业进行直播营销模式的创新策略与路径，并从政府、行业、企业与技术层面提出相应的对策建议，以期为后续研究提供理论支持和实践参考。

5.1 创新策略

在我国经济不断发展和居民的消费能力不断提高下，网络购物的消费模式已经融入了我国居民生活的方方面面，这正好适应了能够生产大量优质、丰富内容的数字化行业的需求。电商直播在满足了人们线上购物的消费、交往、情感等多方面需求的同时，也改变了人们的消费追求及购物理念，为电商平台、商家、主播带来了不少利好。因此，怎样发展与运行电商直播模式成为企业抢夺市场份额的"敲门砖"，制订创新直播策略是当下的主题之一。

5.1.1 升级服务直播：优化网红带货的内容与平台创新机制

根据本书建立的企业绩效影响因素模型，网红带货和平台直播作为电商直播模式的两个维度会通过用户体验影响企业绩效。在电商直播模式与互联网先进技术的逐步深入结合的情形下，为了更有效地促进企业绩效的提高，企业需要重视电商直播模式的创新。一方面，影响网红带货的关键要素就是直播的优质内容，也就是要以口碑营销来实现企业高绩效的目标；另一方面，要以多元化商品社交化机制来优化平台服务。因此，电商直播模式创新可以从以下两个方面进行考虑。

（1）服务创新：以优质的网红带货内容实现口碑营销。

本书研究发现，网红带货作为电商直播模式的一个维度，通过用户体验间接影响企业绩效。网红直播作为一种新型的电商内容，其营销手段颠覆了传统电商以图文展示商品为主的信息传播形式，内容需要朝着正规化、高水平、节目化的方向发展，口碑是突破口。网红带货中的口碑营销主要是指用户在消费体验的过程中认知产品或服务的优势，如通过社交媒体给自己朋友圈的朋友和家人进行推荐。用户在观看直播时，不仅享受着主播为自己提供的轻松、愉悦的购物环境，还通过购物体验增强与主播生活方式的契合。网络口碑营销模式具有成本低、影响力大、延展性好的优势，优质的内容会赢得用户的青睐，用户在不知不觉中就会将自己的大量碎片化时间投入主播发送的内容中。因此，电商直播必须开展网红带货的口碑营销，打造优质内容，提高用户的信任度与依赖度。

（2）直播平台创新：以构建创新平台服务机制为战略。

在数字经济背景下的电商直播为传统电商提供了一个全新的电商社交化营销模式。从实证数据分析结果来看，主播可以将有共同喜好的用户吸引到直播平台中，平台直播对企业绩效也有着重要的影响。电商直播平台对用户体验效果和企业绩效的提升都有着积极作用，如用户在观赏主播展示的同时，可以通过链接直接点入网店进行购物，平台机制的创新对企业构建具有竞争力的直播营销有重要的影响。

电商直播具有低门槛的准入方式，还具有高达到率和低成本的特点，吸引众多传统企业开始使用这种网络营销方式。企业可以通过直播平台免费为其产品或服务进行品牌宣传。对市场而言，利用平台直播的形式，能使产品经大量"曝光"后带动企业的流量市场，促进其流量经济市场的长足发展。

从盈利模式来看，直播平台能够实现盈利的渠道集中在广告主和用户，一部分大型直播平台已具备成熟的内容生产机制和一定的用户规模，可实现流量变现的盈利模式，预估电商直播产业的营销收入规模在未来将会持续增长。转播平台实质上来说也是电商直播平台产业链的组成，其尚在探索阶段，需要把握与用户之间的黏性，开发更多的盈利链条，提供更具适应性的转播服务。

从平台的运营模式来看，具有吸引力的直播平台除了虚拟礼物和文字交流之外，还应新增一些内容。一是在直播过程中应该植入更多的交互元素，实现平台的交互手段多元化，增加观众和主播之间的交互程度，如语音和用户端的视频交互功能；二是强化主播与主播之间的交互，更多地借助移动平台、适配移动终端实现裂变式传播，实现跨平台交互与连接；三是构建社交社区，提升粉丝的黏性，通过兴趣社群的构建，从而形成兴趣共同体、协作共同体，强化观众之间的交互，解决受众不稳定的问题。

5.1.2 提升用户体验：增强用户的互动与享乐体验

实证分析结果表明，用户体验对企业绩效存在正向直接影响，在生活水平不断提高的今天，用户对心理需求提出了更高的标准，已经不单单满足于商品的功能等基本需求。企业为了提高营销绩效，就应该从用户的多样化需求进行考究，打通与用户之间的互动和交流通道，不断提高用户对产品和服务的总体满意度，让产品和服务真正使用户拥有享乐体验，进而拉动用户的购买力。最终，实现用户需求不断开发并升级用户体验，达到提高企业绩效的成效。

（1）打造身份认同的归属感，提升用户的互动体验。

用户对直播平台的互动参与具有更高的诉求，也更期待能与主播加强互动，究其原因在于数字经济驱动下用户已经不再满足单纯被动的单向传播，而更期待以自我为主角的互动传播机制。实证结果表明，无论自变量是网红带货还是平台直播，Process 的模型检验显示互动体验对企业的财务绩效或市场绩效都存在显著的正向影响。在填写调查问卷的时候，大部分的被调查者都表示比较同意和非常同意"通过使用电商直播平台实现自我价值，获得了自我认同"这一观点，从侧面印证了用户参与交互已经成为一种常态。因此，如何在电商直播中加入互动元素，打造出强烈的自我归属感和群体归属感的氛围，是直播平台需要思考的首要问题。

电商直播模式需要从满足用户的强互动性诉求出发，打造用户的归属感。一方面，通过弹幕评论、打赏消费和喊麦等强互动的机制设置，可带动用户融入直播间更大的群体中，使用户在情感上得到了共鸣，产生高度的群体认同和自我认同；另一方面，企业在互动机制的设置上也要植根于民族文化和群体文化，注重直播平台社交属性的引导和社交功能的布局。

（2）利用数据驱动定制化服务，提升用户的享乐体验。

消费需求是拉动经济发展的主要动力，享乐体验对企业的绩效具有正向的影响作用。因此，企业应从提升享乐体验出发，采取数据驱动技术手段，为用户提供定制化服务。企业应灵活运用大数据分析技术对目标用户（粉丝）的享乐体验进行剖析，了解用户群体的分布情况和兴趣点的聚焦情况，找到用户喜闻乐见的内容，从而最大限度地为用户（粉丝）提供服务，提升用户的享乐体验。

在互联网时代和全球化背景下成长的新生代，成长背景赋予了他们极具个性、追求自我的特点，使之成为电商直播用户的主力军。因此，在使用电商直播平台时，他们更注重在信息传播活动中这些产品与信息是否可以带来愉悦。大数据技术正好可以突破这一难题，其目的就是针对不同用户的喜好提供定制化的服务，提高用户的享乐体验。因此，利用数据技术驱动营销不仅可以增加用户的享乐体验，还可以提高用户的忠诚度。

在网红带货或者平台直播过程中，利用大数据分析技术对粉丝增长量（率）、实时在线数量、产品营收、单品转化率（购买率）、现场互动转化率、在线时长等进行实时数据精准分析，为用户提供个性化、柔性化、专业化的网络营销体验。同时，企业可使用大数据分析技术预测用户的潜在需求，进一步提升用户的享乐体验，并在交付时进行实时跟踪，节省用户的时间，提高企业的运营效率。在提供售后服务过程中，可以利用大数据分析技术分类收集用户对产品性能、外观、质量等方面的意见和建议，打造高质量的售后服务，提升用户在直播购物后的享乐体验。

5.1.3 提升质量文化：加强质量文化建设，提升品牌价值

企业的质量文化在网红带货对用户体验的影响过程中具有正向直接的调节作用，并且其本身对用户体验有正向直接影响。因此，企业在运用电商直播模式进行产品的销售时，一方面，要注重提供差异化、高质量的产品和相关服务，培养高素质的主播来呈现优质的直播内容，提升用户体验；另一方面，企业要加大质量文化建设，增强员工对产品和服务的质量意识，以提升品牌知名度、信任度和美誉度，实现企业的价值创造。

企业的经济实力和质量文化是企业品牌的基本内涵。质量文化是企业质量问题的意识、观念、价值取向等思想方式，也是规范、行为准则和风俗习惯等形态。企业在长期的生产经营活动中形成了企业文化的重要部分，它通过四个层面来体现，如图5-1所示。

一方面，在网红带货和平台直播的融合管理过程中，质量因素是维系企业正常运作的有效保障因素，质量文化、质量标准与质量认证体系在企业发展中发挥着重要的作用；另一方面，以质量文化实现主播与用户之间多方面的协同是最有效的一种方式，是企业跨文化沟通的桥梁。以用户满意度

和质量文化作为企业经营活动的"指南针",充分发挥质量文化在网红带货与电商直播中的融合作用,实现多方面的协同,减少或消除文化冲突和抵触,对提升企业绩效具有重要作用。

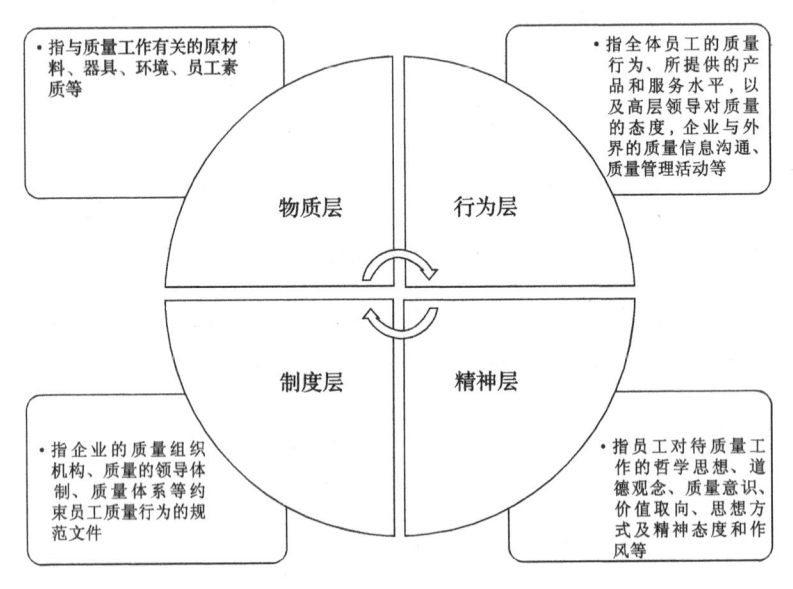

- 指与质量工作有关的原材料、器具、环境、员工素质等

- 指全体员工的质量行为、所提供的产品和服务水平,以及高层领导对质量的态度,企业与外界的质量信息沟通、质量管理活动等

物质层　行为层

制度层　精神层

- 指企业的质量组织机构、质量的领导体制、质量体系等约束员工质量行为的规范文件

- 指员工对待质量工作的哲学思想、道德观念、质量意识、价值取向、思想方式及精神态度和作风等

图 5-1　质量文化的四个层面

5.1.4　提升数字技术水平:数据要素赋能精准营销

在数字经济时代,信息过剩和信息爆炸已成为信息传播的常态,数据的价值实现和获取已成为企业的两大需求,如何获取数据、挖掘数据的价值是企业应该重视的问题之一。直播平台的海量数据可以被赋予价值,升级为"数据资产",最终推动平台技术的创新。

一是数据技术助力营销信息的精准投放。在互联网的发展下，数据价值链驱动不同企业和组织利用数据来进行精准营销与定位。在面对平台海量的用户流量和个性化的用户群体时，针对企业所定位的目标用户，企业可以利用大数据技术和算法程序迅速、快捷地推送出契合用户个性需求的直播内容，既实现营销内容的创新性，又保证了电商营销的精准性。

二是依托数据技术提升用户体验。数据本身不产生价值，数据的价值在于它能够通过具体的算法将用户数据变成"数据资产"。在企业直播的过程中，数据技术可以帮助主播分析目标用户的个性化需求及产品或品牌各方面的销售点，从而帮助电商直播聚焦用户群，提升用户的个性化体验，最终提升企业的绩效水平。

三是凭借数据技术平衡技术伦理。直播平台可依托大数据和智能算法实现技术平衡直播技术的工具理性，通过与特殊的直播用户建立适度的技术"疏离"，防止直播平台出现挑战道德底线、打破技术伦理的恶性事件，以期实现技术伦理和媒介的价值。

5.2　实施路径

本书在实证研究中探索出电商直播的两个自变量网红带货和平台直播对企业绩效都存在着显著的正向影响。从对创新策略的分析出发，本小节主要针对企业直播创新策略进行具体路径研究，以期落实直播创新策略的实施路径。

5.2.1　重塑电商直播的商业生态：筑造企业绩效新高度

传统电商经过多年的优胜劣汰，大量的低端产能被淘汰，流量逐渐向"头部商家"集中，这些"头部商家"处在品牌升级阶段。而现今融合了数字技术的新型企业想要在电商模式上抢占市场份额，并获得绩效的提升，就需要重塑电商直播的商业模式，进而改变商业生态。

（1）战略定位。

战略定位就是把公司的产品、形象、品牌等放在潜在消费者心目中的有利位置，这是一个有利于公司发展的选择。在电商营商环境不断变化的现代社会，企业战略定位的主要目的就是让企业的业绩保持持续性的增长。而想要在电商直播营销模式上取胜的企业，其战略定位必须围绕两个基本要素：一是把握网络营销的基本趋势并有顺应网络环境发展的能力；二是在企业组织内部拥有求新应变的价值驱动力，以高效的质量文化武装自己。另外，还可以做到以下几点。

一是准确分析电商直播的市场环境，融于企业顶层设计。了解传统营销的人都知道，要做好企业的顶层营销规划，对营销市场环境的分析是必要的。从技术与政策角度看，各大传统电商平台进入直播行业、传统企业进入电商直播营销领域是获取市场机遇的方法之一。从市场需求来看，企业需要推动人、货、场、配送全面升级，打造不断升级的电商直播售卖场景，满足用户网络体验的心理预期，实现用户对产品的功能、风格、观感、品牌、搭配等的追求。

二是结合供应链与价值链的重构与融合，完成企业质量的创新。市场主体的竞争不仅表现为"数量"上的同质化竞争，也表现为"品质"上的差异化竞争。质量是企业的生命。在市场经济条件下，质量文化是企业实施品牌战略的精神动力和必备条件。企业可以通过价值创新、技术创新与管理创新，建立促进质量创新的协同机制，提升直播产品或服务的质量，保持并增强质量的比较优势，不断提升企业的竞争力，实现企业自身的持续改进。

(2) 盈利模式。

与传统直播相比，电商直播的形式更加丰富，它同时兼具了直播的娱乐和电商购物体验的双重优势，给用户营造出了使用场景，还附加了主播的明星特质。不同于传统直播中的转化方式，除了网店给的工资外，主播还有带货的提成。传统企业想突破产品或服务营销的瓶颈，将传统业务与电商直播模式进行融合是一个突破口，以电商直播模式的新盈利方式扩大销量，抢夺市场占有率，可以进一步为企业寻求更大的利润增长点，如图 5-2 所示。

- 提高主播的专业素质
- 开启工厂生产模式，提高企业的营销绩效
- 开发代运营模式，赚取利润返点

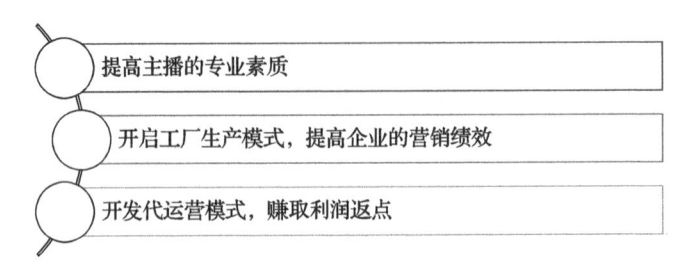

图 5-2　创新盈利模式的路径

一是提高主播的专业素质。传统电商只要将主要精力放在几个关键粉丝身上，靠粉丝打赏基本能够维持运营，但电商直播不同，其需要面对的用户量成千上万，这就需要非常严谨、系统的运营。内容是直播的生命，在直播的过程中需要讲述与产品的相关专业知识。因此，主播要提前做好功课。当然，如果能根据主播的直播特征来打造产品，效果自然是最好的。

二是开启工厂生产模式，提高企业的营销绩效。工厂生产模式主要是针对有生产车间的企业，该企业原本就有正常的生产订单，通过电商直播模式，可以将多余的产品进行直播，从而改变原有的销售模式，增加工厂的动销和利润率。

三是开发代运营模式，赚取利润返点。代运营模式主要

用于部分有电商基础且具备一定的直播资源的企业。开通代运营的业务可以一边帮助商家拍照上架，一边约主播过来进行直播，然后帮助商家把售后这些问题一并解决。在这类业务中，企业主要帮助商家和主播进行中间环节问题的解决，从而赚取一定的返点，是运营模式中最简单的一种方式。

（3）资源整合。

现代企业的资源不再是传统的企业内部资源，即人才、资本、固定资产和原材料。资源整合的目的无非是利用数据技术等将线上和线下的产品、服务或者用户等资源进行整合，进一步提升企业的服务能力，以期获得更好的绩效。

一是全渠道营销，加速线上线下整合，重视用户的购买体验。在数字经济新时代背景下，无论是电商领域的巨头，还是创业公司，都在加紧线上线下融合的步伐。企业想完成电商模式的创新，自然也避免不了线上线下的资源整合。在全渠道营销中，企业需要重点考虑的是用户的思维，通过对零售业本质（售卖、娱乐和社交）和零售流动（信息流、资金流和物流）发生的变化，根据目标顾客和营销定位，进行多渠道组合和整合策略的决策。

二是优化企业的供应链管理，提高用户的满意度。在供应链管理中，用户不仅指最终用户，也包括供应商、制造商、平台服务商和分销商等中间用户或中介。用户既是产品和服务的需求者，又是产品和服务的体验者，同时还是对产品和服务质量的裁判。因此，从用户的角度和观点出发，核心企业、各级企业需要把用户的需求和期望按照供应链体系各环节进行层层分解，通过供应链各个层次的辐射与链接作用，满足线上线下不同用户的个性化需求，确保用户达到自身网络体验的满意度。

5.2.2　网络口碑营销：实现网红带货与平台直播的复合变现

在竞争激烈的市场环境下，各个实行电商直播营销模式的企业都应该试图寻求突破，直播内容要丰富、有深度。只有通过直播平台、商家与主播等主体的共同努力，电商直播互动内容才能向节目化、正规化、高水平的方向发展，才能最终获得用户口碑。其中，产品和服务的质量、主播的素质与直播的互动内容是影响电商直播用户口碑的关键因素。要想提高用户口碑，具体可以从以下几个方面入手。

（1）进行优质短视频营销，为网红带货争取流量口。

流量是线上商家竞争的重要内容，打造优质的直播效果是流量营销的前提和条件。短视频营销具有成本低、扩散快、用户沉浸度高、商务社交能力强等优点，其优质、轻松的内容更容易激起用户的购买欲望，是优质电商直播内容的一个重要流量口，也是电商直播实现娱乐与营销深度融合的重要抓手。

一是短视频录制简单，重播率高，既可方便用户观看，又可缓解主播重复介绍的时间压力。电商平台都具有"上新""发现""微淘"等短视频功能，商家、主播在站内外各渠道频繁发布原创视频所带来的重复曝光效应会在无形之中引发用户的关注，成为吸引用户关注主播的主要流量入口之一。

二是短视频平台与电商直播平台要强强联合。短视频所具有的留存度、复播率、长效转化率高等特点，主播和电商平台可以将优质的直播内容转化为二次传播的短视频，在各大短视频网站平台（如抖音、快手、美拍、腾讯微视等）进行播放推广，增加直播的回看率，通过二次曝光引入更多的站外流量。

（2）打造低成本模式，提升电商直播的转化率。

电商直播平台成本主要来自内容制作、带宽费用、人力投入和运营成本等方面，主要用于维持和保障直播平台的正常运转。如果直接降低成本，将导致主播的积极性下降、用户体验的满意度下降、粉丝数量减少等问题，直接影响直播平台的运行效果，导致直播平台在运营过程中产生流量变现能力下降、盈利缩水等现象。因此，企业可以通过提高转化率、优化方案实现成本控制，如图5-3

所示。

```
┌─────────────────────────────────┐
│     优质的内容带动转化率          │
├─────────────────────────────────┤
│     实施精细化的直播运营管理      │
├─────────────────────────────────┤
│     把控与提升主播的素质          │
├─────────────────────────────────┤
│     为主播提供有针对性的营销方案  │
└─────────────────────────────────┘
```

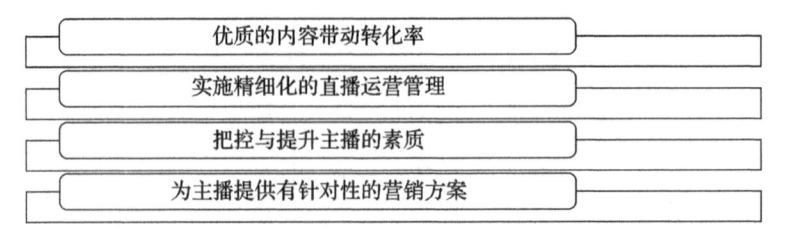

图 5-3　低成本模式

一是优质的内容带动转化率。优质的内容是直播平台的核心竞争力。虽然直播平台对优质内容制作的成本投入非常大，但不能为了节省成本而放弃这方面的投入。另外，内容原创是控制成本投入的最好途径，通过自创内容、培养网红主播、具有影响力的策划等方法，降低成本，优化直播的内容，维持平台的正常运营。

二是实施精细化的直播运营管理。电商直播作为新型的网络传播载体，精准定位，整合和优化资源，实施精细化的运营管理是十分必要的。实施精细化的运营管理，不仅能够有效地控制直播平台的运作成本，而且也可建立淘汰机制，淘汰受关注度低且效果不佳的项目，降低成本投入。

三是把控与提升主播的素质。电商直播平台在审核网络主播时，必须对主播的基本能力、心理健康、价值取向等方面进行严格测试，以防有性格扭曲、宣扬暴力等反社会、反人格的不法分子混入其中。

四是为主播提供有针对性的营销方案。直播电商的主播可以是网红，也可以是主持人，甚至可以是商家。其中，网红电商的社交属性强，用户往往认同或者崇拜网红的生活方式、在某一专业领域的特长等，用户是基于对网红的信任而进行消费的。而商家和其他主播的社交属性相对较弱，更多是依靠供应链和价值链的驱动。

5.2.3 数字技术的创新应用推动数据的价值创造，引领用户体验升级

用户体验升级的三大必要条件：一是数字技术创新及其创新应用；二是数据分析激发个性化产品（或服务）需求；三是以用户为中心的商业生态模式。首先，流畅的网络流量和数字技术环境能够带给用户更好的使用体验，保证用户通过直播平台所进行的信息传播活动的完整度和流畅度，使用户产生沉浸感。其次，数据作为数字经济的主导性生产要素，数据的创新应用（标准化→资产化→市场化）必然推动数据形成数据链，并引领供应链、价值链、资金链和技术链进行融合、重构或转型升级等价值创造活动，成为用户体验升级最直接的动力。最后，企业的数据价值创造活动不仅让电商

直播的内容更符合企业质量文化的标准，满足或提升了用户体验，还可以通过私域流量的大数据分析，了解和开发用户（粉丝）的潜在需求，实现精准营销，提升用户体验和企业绩效。

（1）引入 VR（虚拟现实）技术和全息影像，提高用户的互动性与享乐体验。

云计算、边缘计算、AI（人工智能）等技术在 5G 的赋能下，将改变更多行业内的价值链，成为我国企业数字化创新中的重要助力。通过引进 VR 技术，电商直播让用户真正体验到线下购物的实场快感，让用户身临其境地体验到沉浸式购物，增强用户对网购的真实感和信任度。企业引入 VR 技术和全息影像技术应用，可以 360 度展示店铺与产品，让用户有了身临其境的体验。而且，传统的线下实体商家入驻有 VR 技术的电商平台后，也通过 VR 技术的应用给用户身临其境的购物体验，加上物流的快速响应速度，增加与用户达成交易的可能性，形成了一种新的商业形态。因此，VR 技术是网红带货直播最值得引入的新体验技术，它打破了传统直播视野中固定空间的局限性，可以拉近主播与用户之间的距离，提高用户的互动性和享乐体验。具体来说，包括以下两点。

一是电商直播平台可与头部精英企业合作，增强 VR 直播的生命力。与具有管理团队、优质资源、良好品牌等行业头部精英企业的合作，不仅是一个与优秀的学习伙伴和合作对象学习的过程，也可以通过第三方渠道获取很多直播内容的资源。

二是电商直播平台必须要注重与 VR 设备开发公司的合作，加大开发操作方便、轻便舒适、具有个性化的 VR 设备，通过优化 VR 设备为电商直播及其用户提供良好的直播体验。

（2）人工智能助力数智化管理，提高用户的使用体验。

在数字化、智能化新技术的支持下，电商直播通过强化全媒体运营，采用娱乐化、社交化的网络营销手段，打破虚拟与现实的界限，打造高沉浸感、高拟真度、频繁交互的用户体验，朝着智能化、精准化、定制化、社交化的方向发展。

一是降低电商直播内容的监管成本。电商直播中的违法、违规现象层出不穷，单纯依靠人工监管不仅费时、费力、费人，还可能出现不少疏忽和遗漏。人工智能的应用可以弥补这些缺点，不仅能对违法、违规内容进行实时监测，提高电商直播内容和主播行为的监控效率，还能大幅降低人工监管监测的成本。

二是增加主播或网红的辅助工具。在电商直播中利用人工智能对商品的讲解进行适当的辅助，减少主播进行电商直播时信息超载的负担，营造粉丝与主播、粉丝与粉丝双向互动的氛围。

未来，辅之以 VR、AR 等人工智能数字化技术的电商直播，将以销售为最终目的、以私域流量为抓手、以互动视频内容为核心进一步发挥自己的优势，改善电商直播的购物场景和环境，为用户提供更好的电商营销内容。精准化、智能化、定制化、社交化已被视为电商经济的大趋势，以后也将成为电商行业的标配，如图5-4所示。

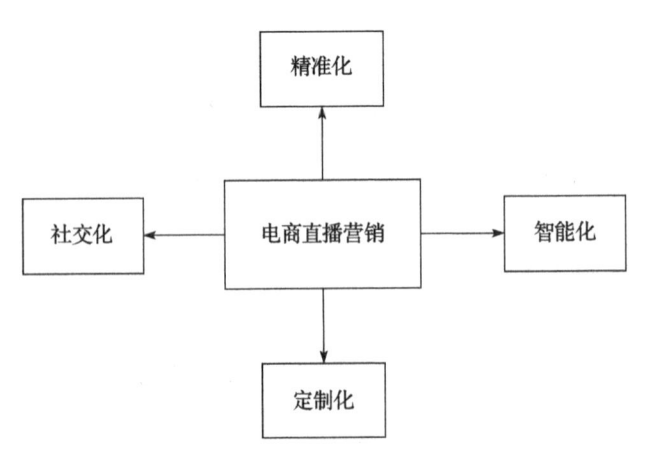

图 5-4 电商直播未来方向

5.3 政策建议

从本书前面的理论分析可知，企业进行直播营销需要政府创造实现平台机制创新的环境，需要行业的自律和监管助力直播行业的用户体验升级，需要企业运用供应链和价值链的融合和重构实现企业绩效的最大化。因此，政府、行业、企业、技术四个层面的政策建议能够促进数字经济环境下企业的发展，能为电商直播产业创造一个良性循环的健康发展环境。

5.3.1 政府层面

政府应发挥主体作用，完善相关的法律法规，在监管实践中要结合实际灵活变通，为企业创新平台机制营造良好的氛围并提供保障。

（1）转变治理理念。

电商直播具有形式新颖、社会关注度高的特点，已经成为我国数字经济的重要组成部分。在对电商直播进行监管的时候，应当跳出传统的治理模式，转变为超前诊断式监管理念，从监管源头排除平台机制创新的障碍。

（2）加大侵权的惩处力度，明确执法边界。

电商直播平台的侵权成本低，监管难度大，导致电商直播平台的侵权事件频发。在补充电商直播版权类型界定的基础上，应明确其适用范围，从保护直播版权这一方面来促进直播平台机制创新。

5.3.2 行业层面

直播乱象的滋生和蔓延是行业野蛮生长所付出的代价。

电商直播行业要想实现可持续发展，就必须从用户体验升级入手进行治理，抓住流量，以此实现流量变现。

（1）发挥行业的自律作用。

直播行业要发挥电商直播有关协会的协调作用，制定体系化的自律制度和禁业模式，以规范电商直播从业者自律履职，促进电商直播行业的健康发展。

（2）倡议保护用户的权益。

通过大数据收集用户的信息，能为用户提供更好的服务。但用户信息的收集应当合法、合理、有边界，不可将其泄露。平台、主播、商家不能有出卖用户隐私信息的行为。因此，直播行业要完善对直播中用户隐私保护的相关行业规定，倡议行业对用户权益的保护，引导平台关注用户的隐私。

5.3.3 企业层面

数据链、供应链、价值链、资金链等数字化融合所带来的快速响应、低风险、低成本、高效益、高质量等战略合作优势，能够促进企业绩效的增长，引起了世界各国企业的广泛关注。供应链将原材料供应商、制造商、分销商、零售商和用户等串联成上下游的网链结构。数据链、供应链、价值链与资金链等的融合与重构将为企业带来绩效增长空间。

一是坚定融入全球化、数字化进程。数字化技术的广泛应用可以加快企业进行直播营销模式的演化进程。目前，直播营销在全球上千家企业中得到推广，形成了全球性生产和供应网络。要把握住历史机遇，加入电商直播全球市场体系，让网红带货和平台直播等电商直播模式深度参与价值链、产业链、供应链的全球化重构与合作，进一步推动企业在全球市场数字化进程中实现企业绩效的突破。

二是完善国内电商直播产业链的"短板"，走出国门。电商直播会逐渐成为企业的标配，我国企业应把握全球化产业链、价值链、供应链的变化趋势，加快构建高质量发展的网络营销渠道，延伸布局，让更多、更好的中国产品通过电商直播平台或者网红走向世界。

三是"链上"本土核心企业，提升电商直播的话语权。电商直播成为迈向全球化价值链、供应链、产业链的"法宝"，能否抢占电商直播"链上"的制高点是中国企业在激烈的竞争中化"危"为"机"的关键。我国企业应积极创新直播模式，优化和重构全球化电商直播的产业链、价值链、供应链，加快提升电商直播的话语权。

5.3.4　技术层面

优质的网络流量和无线技术环境可以保证用户在直播平台中体验到完整和流畅的信息传播服务。"双十一"物流、刷脸支付和 AI（人工智能）对消费数据的应用也让用户体验到了电商新科技。技术的发展模糊了虚拟和现实的边界，能为用户体验带来新的突破，并以全新的方式提升了用户的体验。因此，我国要发展电商直播必须注重技术的发展。具体来说，包括以下几点。

（1）引进 AI 智能技术，提升用户体验。

一场直播短则数十分钟，长则几个小时，如果没有创新性技术的应用很容易造成用户的审美疲劳。但乘着 5G 时代的"快车"，AI 可以成为打破直播体验壁垒的转换器。

一是 AI 助力实现直播的精准营销。直播间的灯光、镜头等对商品的外观影响很大，可能会误导用户购买到不合适的商品，但在直播间引入"AI 虚拟人"技术，就可以为直播用户进行精准的量体试衣，帮助用户摆脱选择困难症的苦恼。

二是 AI 智能使数据分析更精准。利用技术来提高用户的体验效果，其本质就是直播平台打破内容同质化，力求找出一条新道路，创新营销方法。而有了 AI 智能技术的帮助，便可以让企业走上创新营销的道路。利用 AI 智能算法系统，企业能够对海量的数据进行分析，包括多产品在多平台的价格数据、价格走势、价格定位及用户对产品价格的认可度等数据记录，从而获得属于企业自己的"数据资产"，供企业进行商业决策使用。

（2）建立专业化的数据挖掘机制，做到比用户更懂用户。

数字经济正不断驱动数据技术的发展，企业想在电商直播领域获得好的成效，就需要建立一套数据挖掘机制。

一是利用平台优势，发放调查问卷，针对直播用户的使用体验进行调研。调研时，需要注重对用户或粉丝的观看时长、频率、内容及互动反馈进行挖掘，深度了解、挖掘和利用用户的心理期待。

二是围绕电商直播用户建立适应性、应激性、安全性的数据库。通过编程双向跟踪电商直播用户的使用行为，对电商直播用户的数据进行归类、评级和分析，并实现电商直播用户信息资料的数据化、可视化、精准化、资产化和可转化。

三是实现电商直播精准数字化定制服务。在数据资产化的基础上进行产品推荐算法，为电商直播用户推送具有个性化的定制内容，积极引导电商直播用户参与到互动体验中，做到比电商直播用户更懂自己的潜在需求。

5.4 本章小结

在第 4 章理论模型和理论假设的基础上，以"数字技术的创新应用→数据的价值创造→用户体验的升级→企业绩效的提升"为逻辑思路，提出数字化创新策略、实施路径与政策建议。一是创新策略。以数据的价值创造为主线，提出升级直播服务、用户体验、质量文化和数字技术的相关创新策略。二是实施路径。重塑电商直播的商业生态，以网络口碑营销为抓手，提出数字化实施路径。三是政策建议。围绕数字技术的创新应用、数据的价值创造、用户体验的升级、企业绩效的提升等内容，从政府、行业、企业、技术等层面提出相应的策略和建议。

第6章

结论与展望

本章在前面章节研究的基础上,总结了本书的主要研究工作,阐述了本书的创新点,探讨了本书研究的不足之处,并基于不足之处对未来的研究进行了展望。

6.1　研究结论

本书以企业作为研究对象，在文献回顾的基础上，发放了850份问卷，有效问卷为770份，有效问卷率为90.59%，最终以770份有效调查问卷获取的数据为研究样本，以网红带货和平台直播→用户体验→企业绩效为研究主路径，并在质量文化的调节作用及平台技术的控制作用下，对实证模型进行验证性研究与分析，验证变量间的效度、信度及模型的配适度，从而验证假设是否成立。最终，在实证结果的基础上总结了企业实施直播模式的创新策略与具体路径，并进一步从政府、行业、企业、技术等方面总结相应的政策建议。根据理论分析和实证分析的结果，本书的研究结论如下。

一是以优质的内容和低成本模式锁定私域流量，助力企业实现口碑营销。想要获得口碑营销的成效，首先，需要从直播优质的内容出发。优质的直播内容是引流和固流的关键因素，只有直播产品在本质上优质才能提高用户的黏性。其次，资金是企业正常运行的"血液"，只有低成本模式才能让企业拥有活力和健康的"体魄"，将电商模式跑赢"马拉松"。因此，可以认为，网络体验式营销＝私域流量＋口碑营销＋质量文化。

二是利用数字技术推进数据的价值创造，提升用户体验。消费者的需求是拉动经济发展的主要动力，企业为了获得较高的企业绩效，就应该灵活运用大数据分析技术对目标受众进行了解与分析，了解用户群体的分布及兴趣点，从而最大程度地为受众提供服务，迎合消费者的喜好，这样不仅可以增加用户黏性，也可以保证用户的忠诚度。一方面，国内不少直播平台正着力发展VR直播；另一方面，人工智能语音识别技术能对商品的讲解进行辅助，可以减少主播在直播时的信息超载问题。因此，利用VR＋人工智能＋大数据技术，可以综合虚拟和现实的边界，改进直播用户的技术使用环境，无疑对优化电商直播用户互动式体验有着关键作用。

三是构建平台的和谐生态，提升用户体验，为电商直播保驾护航。直播平台处于产业链的中枢位置，成为内容的生产和发布地点，是资本打造网红的主战场，是利益交换产生的枢纽。电商直播平台、主播和网红作为电商直播服务的提供者，是电商直播行业最重要的利益相关方，是电商直播行为和活动的组织者，也是电商直播违法行为的主要责任人。

电商直播的违法行为与部分电商直播平台、主播和网红为争夺市场份额等利益而不择手段、大搞恶性市场竞争有直接关系。因此，电商直播平台、主播和网红应将直播内容更有效地和品牌进行结合，做好健康引导用户、培育粉丝等活动，从而创造出有质量、有价值的直播内容。

四是促进数据链引领供应链、价值链、资金链等深度融合，提高企业的竞争力。加强电商直播数据链、供应链、价值链、资金链等节点企业之间的协作，通过优化设计业务流程，与优秀的企业建立战略合作关系，建立一个包含多重文化的系统整体，使核心企业专注于能创造特殊价值的关键性业务，提高本企业及整个供应链的竞争力。

五是营造高质量的网络环境，为直播电商提供高质量的数字技术和商业模式的支持。直播营销的开展必须依附于一定的计算机技术。网络基础环境的质量将直接决定企业开展直播营销的效果。政府应该在网络基础设施建设中发挥主要作用，增加投入，以加强网络基础环境的建设。企业也应该加大对互联网信息技术的研发投入，大力培养和引进高素质的信息技术人才，为企业的直播营销提供技术支持。

六是注重质量文化建设，建立以口碑营销为主的数字化网络用户体验。网络假冒产品和防不胜防的商业欺诈行为不仅严重破坏了电商直播市场的秩序，也使我们的经济生活深受影响。如果企业在电商直播的过程中三观不正，不注重产品质量、企业信誉的积累，在激烈的竞争中必将毫无立足之地。因此，企业要通过差异化的质量创新活动，满足用户对产品和服务质量的多层次、个性化的生理、心理和价值需求，创造电商直播模式下质量管理的新范式。

6.2 研究的不足

本书基于数字经济背景下企业利用网络技术进行直播实现营销而展开研究，通过构建网红带货和平台直播→用户体验→企业绩效这一主要逻辑，并以质量文化为调节变量、平台技术为控制变量实现研究模型的搭建，利用预调查、正式调查和结构方程模型分析进一步揭示变量间的内在关系。

虽然本书能为企业的网络营销提供新视角，也能为直播购物平台提供提高其平台性能的建议，但由于写作水平与研究条件的限制，研究内容仍存在以下不足。

（1）统计调查方面。

第一，调查问卷的题项专业性比较强，涉及财务管理的财务指标、市场营销等相关知识，并且涉及诸如弹幕、喊麦等网络新兴词汇，可能会导致问卷的填写者因不了解财务管理、市场营销等管理学知识或者不认识网络新词汇而对题项的理解程度不够，从而造成填写的答案缺乏准确性而无法准确地反映客观事实。

第二，问卷数据主要是通过网络对企业进行调查而得到的，虽然所获得的样本量基本满足了研究的需要，且通过了信度和效度检验，但调查选取的对象尚不全面，在数据收集的过程中并未考虑到区域间企业的发展水平、电商文化背景、直播氛围等差异，因此，会造成收集到的数据存在一定的差异。

第三，本书的调查对象限定于中国范围内，缺乏对国外企业的调查数据。国内的调查数据受到国内经济、政治和文化的影响，因此，本书的调查数据无法全面地反映数字经济时代全球企业受直播营销的影响。

第四，本书各变量的测量数据均由受访者一次性填答，可能产生共同方法偏差问题，影响研究结论的准确性。在后续研究中，可以进一步弥补这方面的缺陷，使实证结果更具有说服力。

（2）理论分析方面。

第一，电商直播是近年刚兴起的营销模式，理论界对电商直播的研究仍然较少，该领域的研究空间很大，导致本书关于变量（网红带货、平台直播、平台技术）的相关理论分析的参考依据相对偏少。

第二，在分析企业的直播模式对其绩效影响的过程中，本书将网红带货和平台直播两个因素作为自变量、平台技术作为控制变量，事实上可能其他的变量也会对整个模型产生影响，这在一定程度上会影响模型的拟合度和研究结论的全面性。在后续研究中，可以考虑引入相关变量，使模型更加完善、研究结论更具有说服力。

6.3 研究展望

电商直播作为一种新型的网络营销模式日益成熟，逐渐成为学术界研究的热点。结合社会和传播学的发展来看，电商直播通过用户体验影响企业绩效的研究仍然存在巨大的发展空间和深度的研究意义。电商直播模式及其作用引起了众多学者的关注，不少学者围绕电商直播模式结合各自的学科领域对其进行深度研究。跨学科领域的相关研究也为电商直播未来的研究方向打开了新局面。

在今后的相关研究中，电商直播营销领域的研究重点将主要包括高效运营私域流量的策略研究、激烈竞争环境中新增长机会的研究、新兴技术助力电商直播发展的分析等。

（1）高效运营私域流量的策略研究。

随着私域流量的发展，私域流量及其运营策略将成为企业和学术界讨论的热点话题之一。私域流量是相对于"流量池"而存在的，类似于社群运营。私域流量能够增加用户黏性。运营私域流量的最高境界是，主播将自己塑造成感情专家+好友。今后私域流量的研究重点可能包括私域流量的优缺点、转化途径（将用户转化为私域流量的渠道）、留存方式等。特别是私域流量的留存方式，其主要是从用户的立场进行策略研究，如在群内发放优惠券、鼓励大家转发获取赠品等。但这些始终不是吸引用户的关键，最主要的还是靠主播的个人魅力及用户需求和痛点的解决情况。

（2）激烈竞争环境中新增长机会的研究。

电商直播改变了大众的消费观，是对传统营销的变革。在日益激烈的竞争环境中也不乏新的增长机会。探寻企业新的增长机会要从电商直播的优缺点研究、私域流量结合后端资源的研究入手。

一是对电商直播的缺点进行研究。电商直播的发展必然也会让学术界对其进行深度思考。对用户而言，在直播中无法看到产品的细节，也摸不到线下购物所能触及的质感；直播间的灯光、镜头及美颜功能等对商品的外观可能会误导用户；主播本身的形象和举止都会影响体验感。对企业而言，产品价格提不上去、直播的运营成本高导致电商的利润连年减少。对电商直播缺点的研究将会更加深入，为后续营销模式的探讨及提高利润寻求新方向。

二是对电商直播的优点进行研究。不可否认的是，电商直播带来了营销领域的新突破，学术界对电商直播优点的研究也将是必然趋势。相较于线上传统的平面图片销售，直播更加直观、真实，让用户更直接地看到商品的方方面面；直播的互动性也更强，能够让用户感受到切身服务，用户的诉求也可以较快得到响应，同时，主播也能够很快地得知用户的反馈，不仅有利于产品销量的提升，也有助于建立直播品牌及粉丝效应。不仅如此，明星网红与主播联手的背后则是品牌新代言模式＋直播创新内容＋传播短链＋新式促销的成功实验，研究电商直播的优点有利于为营销手段的升级提供思路。

三是对私域流量结合后端资源的研究。后端资源是商家所持的产品资源，如直播供应链的货源。如果没有强大的供应链资源，直播无法增加用户黏性。相对于线上销售场景的控制，保证准时出货及持续为粉丝带来新款式等能力需要雄厚的供应链资源的支撑。因此，如何实现强大的后端资源以保证私域流量的正常运营会是企业关注的重点，也是学者对粉丝经济的探索内容之一。

（3）对新兴技术助力电商直播发展的分析。

新兴技术的崛起对营销方式和营销效果的影响巨大。因此，对直播技术的研究将成为营销领域的研究方向之一。

一是物流技术对电商直播影响的研究。菜鸟的智能分仓技术满足了用户对物流速度的要求，柔性人机协同作业解决方案极大地提高了三只松鼠的物流效率与准确率。随着新兴物流技术的不断发展，物流技术对电商直播用户体验的相关研究也将受到诸多学者的重视。

二是刷脸支付和 5G 科技对电商直播影响的研究。刷脸支付让无法使用手机的人也加入支付体验中，其带来的便捷性是未来支付应探索的方向，对电商直播而言是新一轮的流量机遇。

三是 AI、机器人技术对电商直播影响的研究。将直播与 AI、机器人技术等未来趋势相结合，将会成为完善用户体验相关研究的方向。企业能够通过 AI 技术对海量的数据进行分析，从而做出更好的商业决策。

参考文献

[1]常钦.农产品电商,好质量才有好销量[N].人民日报,2020-07-24(18).

[2]陈剑,黄朔,刘运辉.从赋能到使能——数字化环境下的企业运营管理[J].管理世界,2020,36(2).

[3]陈静,于洪彦,刘容.服务型企业顾客融入驱动机制研究——基于体验的视角[J].管理世界,2017(7).

[4]陈可,涂平.顾客参与服务补救:基于MOA模型的实证研究[J].管理科学,2014,27(3).

[5]陈文强.中小企业电子商务绩效评价与影响因素分析[J].全国流通经济,2018(33)

[6]陈旭茹.企业文化与组织绩效的关系研究[J].中国管理科学,2019(33).

[7]陈迎欣,郜旭彤,文艳艳.网络直播购物模式中的买卖双方互信研究[J].中国管理科学,2020,1(14).

[8]成也,王锐.网络直播平台的治理机制——基于双边平

台视角的案例研究[J]. 管理案例研究与评论，2017，10（4）.

[9] 程虹，陈文津. 企业质量文化异质性与企业利润关联的实证研究[J]. 管理学报，2017，14（7）.

[10] 邓新明，张婷，王惠子. 政治关联、多点接触与企业绩效——市场互换性的调节作用[J]. 管理科学，2020，29（6）.

[11] 邓燕玲，高贵武. 直播带货带来了什么——网络直播带货的机遇与思考[J]. 中国软科学，2020（7）.

[12] 范建昌，梁旭晖，倪得兵. 不同渠道权力结构下的供应链企业社会责任与产品质量研究[J]. 管理学报，2019，16（5）.

[13] 范建昌，倪得兵，唐小我. 企业社会责任与供应链产品质量选择及协调契约研究[J]. 管理学报，2017，14（9）.

[14] 范小军，蒋欣羽，倪蓉蓉，等. 移动视频直播的互动性对持续使用意愿的影响[J]. 系统管理学报，2020，29（1）.

[15] 方勇，李倩，张鹤达. 我国企业基础研究的交易成本与支持政策研究[J]. 科技管理研究，2020，40（12）.

[16] 高维，陈转青. 绿色采购治理与绩效——企业战略驱动效应与用户认知调节作用[J]. 经济管理，2016，38（4）.

[17] 葛宏翔，梁微. 海归创业者社会资本对初创企业绩效的作用研究——基于科技研发能力的中介效应[J]. 科技管理研究，2020，40（15）.

[18] 龚潇潇，叶作亮，吴玉萍，等. 直播场景氛围线

索对消费者冲动消费意愿的影响机制研究[J]. 管理学报, 2019, 16(6).

[19] 贡文伟, 袁煜, 朱雪春. 联盟网络、探索式创新与企业绩效——冗余资源的调节作用[J]. 软科学, 2020(1).

[20] 管弋铭, 范从来, 张淦. 企业杠杆率、中长期信贷与企业绩效[J]. 会计与经济研究, 2020, 34(3).

[21] 郭伏, 丁一, 张雪峰, 等. 产品造型对用户使用意向影响的事件相关电位研究[J]. 管理科学, 2015, 28(6).

[22] 郭全中. 互联网新趋势: 从"在线"到"在场"[J]. 管理学报, 2016(8).

[23] 郭全中. 中国直播电商的发展动因、现状与趋势[J]. 管理评论, 2020(8).

[24] 郭晓川, 潘雨瑶, 杜雅茹. 新技术融合、动态能力与资源型企业绩效研究[J] 科学管理研究, 2019, 37(6).

[25] 和苏超, 黄旭, 陈青. 管理者环境认知能够提升企业绩效吗——前瞻型环境战略的中介作用与商业环境不确定性的调节作用[J]. 南开管理评论, 2016, 19(6)

[26] 贺新闻, 王艳, 伦博颜. 高管团队性别多元化对创新型企业绩效影响机制研究——基于技术密集度的视角[J]. 科学管理研究, 2020, 38(1).

[27] 黄楚新, 王丹. 聚焦"5G+": 中国新媒体发展现状与展望[J]. 管理工程学报, 2020(8).

［28］黄敏学，廖俊云，周南. 社区体验能提升消费者的品牌忠诚吗——不同体验成分的作用与影响机制研究［J］. 南开管理评论，2015，18（3）.

［29］杰西·詹姆斯·加勒特. 用户体验要素：以用户为中心的产品设计［M］. 范晓燕，译. 北京：机械工业出版社，2011.

［30］纪雪洪，张思敏，赵红. 创业企业商业模式调整机制研究：直接动因、调整过程与主要模式［J］. 南开管理评论，2019，22（5）.

［31］江三良，张晨. 企业家精神、产业政策与企业绩效——来自沪深A股制造业上市公司的证据［J］. 南京审计大学学报，2020，17（4）.

［32］江小敏，梁双陆，李宏兵. 进口产品质量的提升促进了我国产业出口升级吗——基于产业关联视角的证据［J］. 国际经贸探索，2020，36（7）.

［33］姜劲，白闪闪，王云婷，等. 线上和线下医疗服务质量对患者线下就医决策的影响［J］. 管理科学，2020，33（1）.

［34］金亮，朱莉，郑本荣. 退款保证对品牌差异化竞争供应链的影响研究［J］. 管理学报，2019，16（12）.

［35］金永生，季桓永，许冠南. 互动导向对企业绩效有多重要——基于模糊集的定性比较分析［J］. 经济经纬，2017，34（2）.

［36］康振宇，邱立成，王自锋. 产品质量对出口中间产

品市场份额影响研究［J］.经济经纬，2017，34（2）.

［37］寇军，赵泽洪.产品质量影响下延保服务与产品联合定价与库存策略［J］.管理评论，2019，31（6）.

［38］李爱年，秦赞谨.网络游戏直播监管困境的法律出路［J］.中南大学学报（社会科学版），2019，25（5）.

［39］李鸿磊，刘建丽.基于用户体验的商业模式场景研究：价值创造与传递视角［J］.外国经济与管理，2020，42（6）.

［40］李林木，于海峰，汪冲，等.赏罚机制、税收遵从与企业绩效——基于纳税信用管理制度的研究［J］.经济研究，2020，55（6）.

［41］李露.基于ANP法的科技企业创新绩效评价研究［J］.科学管理研究，2019，34（5）.

［42］李慢，马钦海，赵晓煜.网络服务场景对在线体验及行为意向的作用研究［J］.管理科学，2014，27（4）.

［43］李梅芳，薛晓芳，窦君鹏.基于信息共享的建筑供应链"去中心化"研究［J］.管理现代化，2020，40（1）.

［44］李梦雅，严太华.风险投资、技术创新与企业绩效：影响机制及其实证检验［J］.科研管理，2020，41（7）.

［45］李佩，魏航，王广永，等.基于产品质量和服务水平的零售商经营模式选择研究［J］.管理工程学报，2020（3）.

［46］李小玉，薛有志，周杰.CEO关联、内部治理与企业绩效［J］.管理科学，2020，30（5）.

[47] 李晓华."互联网+"改造传统产业的理论基础[J]. 经济纵横, 2016 (3).

[48] 李曜, 谷文臣. 债转股的财富效应和企业绩效变化[J]. 财经研究, 2020, 46 (7).

[49] 李震. 谁创造了体验——体验创造的三种模式及其运行机制研究[J]. 南开管理评论, 2019, 22 (5).

[50] 林叶. 企业质量文化成熟度测评体系研究[J]. 管理评论, 2019 (2).

[51] 刘百灵, 徐伟, 夏惠敏. 应用特征与个体特质双重视角下移动购物持续使用意愿研究[J]. 管理科学, 2019, 31 (2).

[52] 刘建刚, 张美娟, 陈昌杰, 等. 互联网平台企业商业模式创新影响因素研究——基于扎根理论的滴滴出行案例分析[J]. 中国科技论坛, 2017 (6).

[53] 刘容, 于洪彦. 在线品牌社区顾客间互动对顾客愉悦体验的影响[J]. 管理科学, 2017, 30 (6).

[54] 刘维奇, 张苏. 双边平台兼并策略下的定价问题分析[J]. 中国管理科学, 2017, 25 (5).

[55] 刘维奇, 张燕. 外部薪酬攀比与企业绩效——基于管理层和普通员工双视角[J]. 中国软科学, 2020 (5).

[56] 刘学元, 赵倩倩, 孙敏. 供应链关系质量对企业质量绩效的影响——供应链领导力的中介效应研究[J]. 工业技术经济, 2018, 37 (9).

［57］刘阳，朱君璇.基于移动社交网络的用户体验动态测量研究［J］.管理世界，2018，41（6）.

［58］刘洋，李琪，殷猛.网络直播购物特征对消费者购买行为影响研究［J］.软科学，2020，34（6）.

［59］刘咏梅，葛慧中.存在产品质量差异的全渠道销售策略研究［J］.系统工程学报，2019，34（4）.

［60］刘禹辰，尹响."融媒体＋电商"在少数民族地区精准扶贫中的新作用——基于四川的案例分析［J］.西南民族大学学报（人文社科版），2019，40（5）.

［61］卢映西，宋梦瑶.经济学研究要注意避免幸存者偏差因素的影响——以企业绩效和利润率下降规律研究为例［J］.当代经济研究，2020（6）.

［62］芦锋，赵雯雯.过桥融资对创业板企业绩效的异质门槛效应研究［J］.中国软科学，2017（6）.

［63］罗国英.质量文化概述［J］.中国质量，2015（10）.

［64］罗辉林，唐琳琳.共享思维——互联网下的去中心化商业革命［M］.北京：电子工业出版社，2017.

［65］马德青，胡劲松.大数据营销与参考价格效应下的闭环供应链协同经营策略研究［J］.软科学，2019，33（11）.

［66］马化腾.数字经济：中国创新增长新动能［M］.北京：中信出版社，2017.

［67］马文甲，张琳琳，巩丽娟.外向型开放式创新导向与

模式的匹配对企业绩效的影响[J].中国软科学,2018(2).

[68]迈克尔·波特.竞争优势[M].陈小悦,译.北京:华夏出版社,2014.

[69]孟华,朱其忠.价值网络共生对企业绩效的影响研究:一个有调节的中介模型[J].科技管理研究,2020,40(3).

[70]牛似虎,方继华,苏明政.基于供应链金融的中小企业绩效评价与实证[J].统计与决策,2017(1).

[71]彭华涛,李冰冰,周灵玥.环境动态性视角下创业企业的创新策略选择比较[J].科学学研究,2020(9).

[72]乔美华,石东领.质量文化、经济高质量发展的测度与时空演进[J].统计与决策,2020,36(13).

[73]任菲,罗华伟,奚红华.网站表现影响企业绩效的实证研究[J].南京大学学报(哲学·人文科学·社会科学版),2012,49(1).

[74]容秀英.我国企业质量文化构建研究——日本的启示与借鉴[J].科技管理研究,2015,35(12).

[75]沙振权,蒋雨薇,温飞.虚拟品牌社区体验对社区成员品牌认同影响的实证研究[J].管理评论,2010,22(12).

[76]佘茂艳,王元地,张莉.区域技术网络特征对企业绩效的影响[J].软科学,2017,31(5).

[77]申光龙,彭晓东,秦鹏飞.虚拟品牌社区顾客间互动对顾客参与价值共创的影响研究——以体验价值为中介变

量[J]. 管理学报, 2016, 13 (12).

[78] 沈霄, 王国华, 杨腾飞, 等. 我国网红现象的发展历程、特征分析与治理对策[J]. 管理评论, 2016, 35 (11).

[79] 宿志刚, 张京. 网络新媒体从业者素养刍议[J]. 管理评论, 2019 (10).

[80] 孙聪, 魏江. 企业层创新生态系统结构与协同机制研究[J]. 科学学研究, 2019, 37 (7).

[81] 孙晓枫, 赵新军, 钟莹. 基于技术进化定律的用户体验设计模型研究[J]. 工业技术经济, 2017, 36 (10).

[82] 孙新波, 钱雨, 张明超, 等. 大数据驱动企业供应链敏捷性的实现机理研究[J]. 管理世界, 2019, 35 (9).

[83] 邰鹿峰, 闫林楠. 全球价值链分工网络下的企业国际化战略与绩效关系研究[J]. 国际经贸探索, 2020, 36 (8).

[84] 覃雪莲, 刘志学. 供应链物流服务质量研究述评与展望[J]. 管理学报, 2020, 15 (11).

[85] 唐松祥, 梁工谦, 李洁, 等. 考虑供应商双重公平偏好的供应链质量控制策略[J]. 系统工程, 2019, 37 (4).

[86] 陶克涛, 郭欣宇, 孙娜. 绿色治理视域下的企业环境信息披露与企业绩效关系研究——基于中国67家重污染上市公司的证据[J]. 中国软科学, 2020 (2).

[87] 滕乐法, 吴媛媛, 李峰. 越沉浸越好吗——品牌体验中消费者沉浸程度的双重影响研究[J]. 管理世界,

2019，36（6）.

［88］田立法，苏中兴.竞争驱动战略转型的人力资本视线研究——以天津中小制造业企业为例［J］.中国管理科学，2020，28（5）.

［89］万晓榆，王荨亦，吴继飞，等.电商平台销量信息对消费者注意力及产品选择的影响［J］.管理学报，2018，15（6）.

［90］王昌林.创新网络与企业技术创新动态能力的协同演进——基于系统动力学的分析［J］.科技管理研究，2018，38（21）.

［91］王成文.内容创业的十种商业模式［J］.南开管理评论，2018（7）.

［92］王德胜，辛杰，吴创.战略导向、两栖创新与企业绩效［J］.中国软科学，2019（2）.

［93］王少杰.企业文化演化路径及对绩效影响的实地研究——基于工商人类学视角的分析［J］.山西财经大学学报，2015，37（7）.

［94］王永贵，刘菲.网络中心性对企业绩效的影响研究——创新关联、政治关联和技术不确定性的调节效应［J］.经济与管理研究，2019，40（5）.

［95］王正沛，李国鑫.消费体验视角下新零售演化发展逻辑研究［J］.管理学报，2017，16（3）.

［96］王志远，吴泗宗，翟庆华.如何提升移动网购体

验——基于用户双重视角体验质量影响因素的实证研究［J］.当代财经，2018（6）.

［97］文悦，王勇，段玉兰，等.基于渠道接受差异和权力结构差异的电商平台自营影响研究［J］.管理学报，2019，16（4）.

［98］吴汉东.为数字中国建设提供法律保障［N］.人民日报，2018-8-19（5）.

［99］吴怀军.高管薪酬视角下混合所有制对企业绩效的影响［J］.社会科学家，2016（11）.

［100］吴绍玉，汪波，李晓燕，等.双重社会网络嵌入对海归创业企业技术创新绩效的影响研究［J］.科学学与科学技术管理，2016，37（10）.

［101］吴小节，陈晓纯，彭韵妍，等.制度环境不确定性对企业纵向整合模式的影响机制：认知偏差与动态能力的作用［J］.管理评论，2019，31（6）.

［102］吴晓云，王建平，刘恬萍.APP用户体验要素、体验价值与品牌价值——以运动类计步APP为例［J］财经论丛，2018（12）.

［103］吴晓云，张欣妍.企业能力、技术创新和价值网络合作创新与企业绩效［J］.管理科学，2020，28（6）.

［104］吾买尔江·艾山，郑惠.商业信用对企业绩效的影响机理——金融关联的U型调节作用［J］.软科学，2020，34（5）.

[105] 肖建华，王若凡. 科研组织应该控制其衍生企业吗——基于中国上市科研组织衍生企业的研究 [J]. 科技进步与对策，2020（5）.

[106] 谢广营. B2C 及 C2C 网购物流服务质量测量述评：一个概念模型及理论框架 [J]. 管理评论，2016，28（4）.

[107] 徐德英，韩伯棠. 电商模式下区域创新绩效及空间溢出效应研究 [J]. 科研管理，2016，37（11）.

[108] 许晖，王琳. 价值链重构视角下企业绿色生态位跃迁路径研究——"卡博特"和"阳煤"双案例研究 [J]. 管理学报，2015（4）.

[109] 许向东. 我国网络直播的发展现状、治理困境及应对策略 [J]. 暨南学报（哲学社会科学版），2018，40（3）.

[110] 闫华红，吴启富，毕洁. 基于碳排放价值链的企业绩效评价体系的构建与应用 [J]. 审计研究，2016（6）.

[111] 杨超，黄群慧，贺俊. 中低技术产业集聚外部性、创新与企业绩效 [J]. 科研管理，2020，41（8）.

[112] 杨皖苏，杨善林. 中外企业不同推崇策略对企业绩效影响的实证研究 [J]. 中国软科学，2015（4）.

[113] 杨学成，徐秀秀，陶晓波. 基于体验营销的价值共创机理研究——以汽车行业为例 [J]. 管理评论，2016，28（5）.

[114] 杨艳，景奉杰. 新创小微企业营销绩效研究：顾客合法性感知视角 [J]. 管理科学，2020，29（2）.

[115] 杨张博, 高山行. 基于文本挖掘和语义网络方法的战略导向交互现象研究——以生物技术企业为例 [J]. 科学学与科学技术管理, 2015, 36 (1).

[116] 于本海, 杨永清, 孙静林, 等. 顾客体验与商户线下存在对社区 O2O 电商接受意向的影响研究 [J]. 管理学报, 2015, 12 (11).

[117] 于飞, 蔡翔, 董亮. 研发模式对企业创新的影响——知识基础的调节作用 [J]. 管理科学, 2017, 30 (3).

[118] 袁免青. 网络直播对网红与粉丝关系的影响研究 [J]. 管理评论, 2019 (5).

[119] 曾德明, 尹恒, 文金艳. 科学合作网络关系资本、邻近性与企业技术创新绩效 [J]. 软科学, 2020, 34 (3).

[120] 张宸, 周耿. 电商平台创新优势与线上线下厂商竞争 [J]. 经济与管理研究, 2019, 40 (3).

[121] 张罡, 王宗水, 赵红. 互联网+环境下营销模式创新. 价值网络重构视角 [J]. 管理评论, 2019, 31 (3).

[122] 张建军, 赵启兰. 基于"互联网+"的供应链平台生态圈商业模式创新 [J]. 中国流通经济, 2018, 32 (6).

[123] 张敬. 以内容融合为先导构建媒体新生态 [J]. 管理学报, 2016 (10).

[124] 张力元, 李振淼, 王军. 电商生态系统的用户感知模型研究 [J]. 情报科学, 2020, 38 (8).

［125］张夏恒，陈怡欣. 中国跨境电商综合试验区运行绩效评价［J］. 中国流通经济，2019，33（9）.

［126］张小强，李双. 网红直播带货：身体、消费与媒介关系在技术平台的多维度重构［J］. 中国软科学，2020（6）.

［127］张永恒，王家庭. 数字经济发展是否降低了中国要素错配水平［J］. 统计与信息论坛，2020，35（9）.

［128］张振刚，李云健，李莉. 企业慈善捐赠、科技资源获取与创新绩效关系研究——基于企业与政府的资源交换视角［J］. 南开管理评论，2016，19（3）.

［129］赵剑波，史丹，邓洲. 高质量发展的内涵研究［J］. 经济与管理研究，2019，40（11）.

［130］赵曙明，席猛，蒋春燕. 人力资源管理重要性与能力对企业雇佣关系模式选择的影响［J］. 经济管理，2016，38（4）.

［131］赵宇晴，阮平南，刘晓燕，等. 基于在线评论的用户满意度评价研究［J］. 管理评论，2020，32（3）.

［132］郑春东，韩晴，王寒. 网络水军言论如何左右你的购买意愿［J］. 南开管理评论，2015，18（1）.

［133］周军杰. 社会化商务背景下的用户黏性：用户互动的间接影响及调节作用［J］. 管理评论，2015，27（7）.

［134］周围."互联网+"商业模式保护路径初探［J］. 中国管理科学，2019（9）.

［135］周宇倩，朱芬芬. 基于绿色价值链的企业绩效评价

体系构建研究［J］. 江苏商论，2019（12）.

［136］朱浩，李林，魏琪."繁荣"的专利申请能否改善企业绩效——基于不同创新导向的门限实证研究［J］. 软科学，2020（1）.

［137］朱立龙. 双寡头零售商分销渠道产品质量控制策略研究［J］. 管理评论，2016，28（10）.

［138］朱旭光，贾静. 论网络视频直播业的供给侧改革［J］. 管理评论，2017（10）.

［139］Abdualrahman Saeed Alshehry. Culture of Quality in Infection Prevention of a Hospital as Perceived by Health Care Workers［J］. Journal of Nursing Management, 2019, 27（6）.

［140］Alben, Laur alee. Quality of Experience: Defining the Criteria for Effective in Tertaction Design［J］. Interactions, 1996（5）.

［141］Amanuel Eromo Adillo, Tshilidzi Netshitangani. Principals' leadership Roles in Transforming School Culture for Quality Education in Urban Secondary Schools in Ethiopia［J］. Journal of Gender, Information and Development in Africa (JGIDA), 2019, 8（2）.

［142］Arash Barfar, Balaji Padmanabhan, Alan Hevner. Applying Behavioral Economics in Predictive Analytics for B2B Churn: Findings from Service Quality Data［J］. Decision

Support Systems, 2017, 6（6）.

［143］Bansal Akshi, Kanathur Shilpa, Prasad Harish. A Novel Point of Care Technique to Improve Graft Uptake in Melanocyte-keratinocyte Transplantation Procedure for Vitiligo of Contoured Areas Like External Ear［J］. Journal of the American Academy of Dermatology, 2020（6）.

［144］Bohman Katarina, Örtlund Ronja, Kumlin Groth Gustav, et al. Evaluation of Users' Experience and Posture in a Rotated Swivel Seating Configuration.［J］. Traffic Injury Prevention, 2020（8）.

［145］Coase R. Problem of Social Cost［J］. Journal of Law & Economics, 1960, 3（4）.

［146］Daniel Tish, Nathan King, Nicholas Cote. Highly Accessible Platform Technologies for Vision-guided, Cosed-loop Robotic Assembly of Unitized Enclosure Systems［J］. Construction Robotics, 2020, 4（2）.

［147］Daniel Voyer, Carla Nolan, Susan Voyer. The Relation Between Experience and Spatial Performance in Men and Women［J］. Sex Roles, 2000, 43（12）.

［148］Ebinimi Tebepah.Digital Economy: The Role of the Telecoms Regulator in Nigeria［J］. International Journal of Innovation in the Digital Economy (IJIDE), 2020, 11（4）.

[149] Gotzen K. Modernizing Pharmaceutical Quality Systems; Studying Quality Metrics and Quality Culture; Quality Metrics Feedback Program; Reopening of Submission Period [J]. The Federal Register / FIND, 2019, 84 (169).

[150] Hakam W Alomari, Vijayakshmi Ramasamy, James D Kiper, et al. A User Interface (UI) and User eXperience (UX) Evaluation Framework for Cyberlearning Environments in Computer Science and Software Engineering Education [J]. Heliyon, 2019, 6 (5).

[151] Heliyon. Eniola Anthony Abiodun, Olorunleke Gabriel Kolade, Akintimehin Olamide Oluwabusola, Ojeka John Dean, Oyetunji Bushira [J]. The Impact of Organizational Culture on Total Quality Management in SMEs in Nigeria, 2019, 5 (8).

[152] Hsieh M T, Tsao W C. Reducing Perceived Online Shopping Risk to Enhance Loyalty: A Website Quality Perspective [J]. Journal of Risk Research, 2017, 17 (2).

[153] Hui FohFoong, Bhone Myint Kyaw, Zee Upton, et al. Facilitators and Barriers of Using Digital Technology for the Management of Diabetic Foot Ulcers: A Qualitative Systematic Review [J]. International Wound Journal, 2020, 17 (5).

[154] Irfan Kanat, T S Raghu, AjayVinzé. Heads or Tails?

Network Effects on Game Purchase Behavior in the Long Tail Market [J]. Information Systems Frontiers, 2020, 22(10).

[155] Juergen Sauer, Andreas Sonderegger, Sven Schmutz. Usability, User Experience and Accessibility: Towards an Integrative Model [J]. Ergonomics, 2019, 63(10).

[156] Kathy Lyall. Culture of Quality [J]. Quality, 2020, 59(8).

[157] Kim, Rhiu, Yun. A Systematic Review of a Virtual Reality System from the Perspective of User Experience [J]. International Journal of Human-computer Interaction, 2018, 36(10).

[158] Lobel Trong Thuy Tran. Managing the Effectiveness of E-commerce Platforms in a Pandemic [J]. Journal of Retailing and Consumer Services, 2020(58).

[159] Long, Tefertiller. China's New Mania for Live Streaming: Gender Differences in Motives and Uses of Social Live Streaming Services [J]. International Journal of Human-Computer Interaction, 2020, 36(14).

[160] Marc Hassenzahl, Noam Tractinsky. User Experience-a Research Agenda [J]. Behaviour and Information Technology, 2006(2).

[161] Masaharu Tsujimoto, Yuya Kajikawa, Junichi Tomita, et al. A Review of the Ecosystem Concept-towards

Coherent Ecosystem Design [J]. Technological Forecasting & Social Change, 2017 (136).

[162] Masih Fadaki, ShamsRahman, Caroline Chan. Leagile Supply Chain: Design Drivers and Business Performance Implications [J]. International Journal of Production Research, 2020, 58 (18).

[163] Monique Murfield, Christopher A Boone, Paige Rutner, et al. Investigating Logistics Service Quality in Omni-channel Retailing [J]. International Journal of Physical Distribution, 2017, 47 (7).

[164] Moore J F. Predators and Prey: A New Ecology of Competition [J]. Harvard Business Review, 1993, 71 (3).

[165] Paul Levinson. Real Space: The Fate of Physical Presence in the Digital Age, on and off Planet [J]. Taylor and Francis, 2014, 6 (2).

[166] Peter A Dacin. The Assessment of Alternative Measures of Consumer Expertise [J]. Journal of Consumer Research, 1996, 23 (3).

[167] Sattler C, Sonntag K, Gotzen K. The Quality Culture Inventory (QCI): An Instrument Assessing Quality-related Aspects of Work [J]. Advances in Ergonomic Design of Sstems, Products and Processes, 2016, 2016 (14).

[168] Schein E H. Organizational Culture and Leadership [M]. New York: Jossey-bass Publishers, 1992.

[169] Song Yang, FanLi, StojanTrajanovski, et al. Traffic Routing in Stochastic Network Function Virtualization Networks [J]. Journal of Network and Computer Applications, 2020 (169).

[170] Sweeney E J. Using Community Resources [J]. The Junior High Clearing House (1928—1929), 1928, 3 (2).

[171] Tsao W C, Tseng Y L. The Impact of Electronic-service Quality on Online Shopping Behaviour [J]. Total Quality Management & Business Excellence, 2016, 22 (9).

[172] William Stephenson. The Play Theory of Mass Communication [J]. The University of Chicago Press, 1997 (9).

[173] Wu S J. The Impact of Quality Culture on Quality Management Practices and Performance in Chinese Manufacturing Firms [J]. International Journal of Quality & Reliability Management, 2015, 32 (8).

[174] Xiaoqin Yin, Chenchen Dong, Chuang Liu. Global Value Chain Restructuring in the Trade of Knocked Down Products [J]. Transactions of Famena, 2017, 41 (1).

附　录

尊敬的先生/女生：

　　感谢您参与此次调研！本书旨在调查数字经济下电商直播模式对企业绩效的影响。由于调查的样本有限，您的回答将是本次研究的重要依据，敬请您务必根据公司的实际情况，回答好下面的每一个问题，甚为感谢！本问卷所得数据仅供整体分析研究，绝不会进行个别处理与披露，请您勿有任何顾虑并尽量客观作答！

　　非常感谢您的合作与支持！

一、公司及个人的基本资料

　　本部分是贵公司的基本资料，烦请真实填写，此数据绝不对外公开。

　　1. 贵公司所在的城市 [　　　]

　　2. 贵公司是什么类型的企业 [　　　]
　　　　○官方旗舰店　　○中小型企业　　○其他

3. 贵公司目前的员工人数为 [　　]

○ 50 人以下　　○ 51～100 人　　○ 101～200 人

○ 201～500 人　　○ 501 人以上

4. 贵公司是否开设了电商直播平台业务 [　　]

○ 是　　　　　　　　○ 否

5. 贵公司目前的资产总值 [　　]

○ 1000 万元以下　○ 1000 万～1 亿元　○ 1 亿～5 亿元

○ 5 亿～20 亿元　○ 20 亿元以上

二、相关变量问题测量

请对以下表述进行评分，"1"代表非常不赞同，"2"代表比较不赞同，"3"代表一般，"4"代表比较赞同，"5"代表非常赞同。

变量		题项	非常不赞同	比较不赞同	一般	比较赞同	非常赞同
网络带货	SP1	该网红在品牌和产品方面是专业的	1	2	3	4	5
	SP2	该网红在挑选产品和品牌上有丰富的经验	1	2	3	4	5
	SP3	我认为直播可以将商品全面、立体地进行展示	1	2	3	4	5
	SP4	我认为在直播过程中主播可以对与商品相关的问题给出专业性的回答	1	2	3	4	5

续表

变量		题项	非常不赞同	比较不赞同	一般	比较赞同	非常赞同
网络带货	SP5	我认为在直播过程中主播可以根据我的描述给出个性化的建议	1	2	3	4	5
	PI1	该网红总是积极回应我的问题或话题	1	2	3	4	5
	PI2	我会积极响应该网红发起的话题	1	2	3	4	5
	PI3	我可以在直播过程中与网红进行互动	1	2	3	4	5
	PI4	我可以在直播过程中与其他消费者交流	1	2	3	4	5
平台直播	PV1	直播平台可以以视频的形式给我提供关于产品的详细信息	1	2	3	4	5
	PV2	直播平台使我可以看到产品的相关属性	1	2	3	4	5
	PV3	直播平台使我可以看到产品的使用方法	1	2	3	4	5
	PV4	直播平台将产品可视化，就像让我在现实中看到产品一样	1	2	3	4	5
	PV5	直播平台可以向我提供我打算购买产品的替代产品的信息	1	2	3	4	5
用户体验	IFE1	通过观看直播，我可以获取一些我想知道的信息	1	2	3	4	5

续表

变量	题项		非常不赞同	比较不赞同	一般	比较赞同	非常赞同
用户体验	IFE2	观看直播时,我的弹幕观点可以获得其他观众的支持和鼓励	1	2	3	4	5
	IFE3	通过观看直播,我对商品有了全面的了解	1	2	3	4	5
	IFE4	观看直播时,我觉得我可以给其他观众留下很深的印象	1	2	3	4	5
	IFE5	观看直播时,我可以与其他观众通过弹幕等途径进行交流	1	2	3	4	5
	HE1	观看直播时,我的心情可以得到放松	1	2	3	4	5
	HE2	观看直播时,我能缓解压力	1	2	3	4	5
	HE3	观看直播让我投入其中,感觉愉快和满足	1	2	3	4	5
	HE4	直播让我接触到很多东西,对我而言非常有意义	1	2	3	4	5
企业绩效	FP1	与同类企业相比,本企业近两年总资产税前平均利润率较高	1	2	3	4	5
	FP2	与同类企业相比,本企业近两年平均利润更高	1	2	3	4	5
	FP3	与同类企业相比,本企业近两年投资平均回报率更高	1	2	3	4	5

续表

变量		题项	非常不赞同	比较不赞同	一般	比较赞同	非常赞同
企业绩效	FP4	与同类企业相比,本企业近两年平均销售成本更低	1	2	3	4	5
	FP5	与同类企业相比,本企业近两年销售额平均增长幅度更大	1	2	3	4	5
	MP1	与同类企业相比,本企业产品近两年的总体市场扩大速度更快	1	2	3	4	5
	MP2	与同类企业相比,本企业产品近两年的顾客数量增长率更快	1	2	3	4	5
	MP3	与同类企业相比,本企业具有较高的顾客保留度	1	2	3	4	5
	MP4	本企业的知名度处于行业较高水平	1	2	3	4	5
	MP5	与同类企业相比,本企业的顾客忠诚度较高	1	2	3	4	5
	MP6	与同类企业相比,本企业产品近两年的总体市场竞争力更大	1	2	3	4	5
质量义化	QV1	公司追求卓越质量的理念	1	2	3	4	5
	QV2	公司始终保持诚信和精品生产的意识	1	2	3	4	5
	QV3	公司的愿景是以顾客满意为目标	1	2	3	4	5

续表

变量	题项		非常不赞同	比较不赞同	一般	比较赞同	非常赞同
质量文化	QC1	公司会对质量发展措施进行公开讨论	1	2	3	4	5
	QC2	公司员工会主动提出提高质量的想法和建议	1	2	3	4	5
	QC3	公司员工参与质量交流过程的积极性很高	1	2	3	4	5
	QC4	在公司内部能够共享与质量相关的信息	1	2	3	4	5
	QC5	公司能进行由上到下或由下到上的有效沟通	1	2	3	4	5
	CO1	公司提供的产品或服务质量使客户满意度很高	1	2	3	4	5
	CO2	公司会根据客户的反馈意见进行改进和提高	1	2	3	4	5
	CO3	公司追求质量创新，不断满足和超越客户的期望	1	2	3	4	5
平台技术	MT1	公司拥有记录顾客完整交易信息的系统	1	2	3	4	5
	MT2	公司的技术系统能提供多样化的在线服务信息	1	2	3	4	5
	MT3	公司的技术系统能有效管理商品信息	1	2	3	4	5
	MT4	公司的平台技术有助于用户信息的管理	1	2	3	4	5

续表

变量		题项	非常不赞同	比较不赞同	一般	比较赞同	非常赞同
平台技术	MT5	公司的平台技术有利于商家与客户间信息的交流和管理	1	2	3	4	5
	ST1	公司的直播平台有良好的语音处理技术	1	2	3	4	5
	ST2	公司的直播平台有良好的图像处理技术	1	2	3	4	5
	ST3	公司的直播平台能提供流畅的直播画面	1	2	3	4	5
	ST4	公司的直播平台能提供清晰的直播画面	1	2	3	4	5

本问卷至此全部结束，烦请您仔细检查一遍，确保没有遗漏。再次感谢您的合作与支持！